collana

LE ÀNCORE

Domenico Pezzini

NEL FRATTEMPO

Incursioni nell'anno liturgico

Avvento - Natale - Tempo Ordinario

ANCORA

Immagine di copertina:
Natività, miniatura del Collettario di Ottobeuren
(secolo IX)

ÀNCORA EDITRICE
Via G.B. Niccolini, 8 - 20154 Milano
Tel. 02.345608.1 - Fax 02.345608.66
E-mail: editrice@ancora-libri.it
Internet Site: www.ancora-libri.it

N.A. 4104

ÀNCORA ARTI GRAFICHE
Via B. Crespi, 30 - 20159 Milano
Tel. 02.6085221 - Fax 02.6080017
E-mail: arti.grafiche@ancora-libri.it

ISBN 88-7610-950-1

Introduzione

La liturgia è fatta di testi e di celebrazioni, ma anche di atmosfere e di sensazioni, qualcosa che assomiglia al colore delle stagioni o al sentimento del tempo. L'atmosfera è qualcosa che c'è, che si sente, anche se non riusciamo bene a definirla: comunque, non si può farne a meno se si vuole vivere.

L'azione liturgica ha le sue stagioni perché ha primariamente a che fare con il tempo, che essa assume, celebra, riscatta e proietta nel futuro, e dunque dal tempo resta inconfondibilmente segnata. Nella sequenza dei giorni, la ripetizione dei testi, così come la sedimentazione delle sensazioni, concorrono a creare, per ciascun credente, un certo senso della fede, una certa percezione di ciò che il vangelo suggerisce o chiede in quella festa particolare, in quel tempo particolare. Si può dire che la liturgia è come un'aria che si respira, l'aria della vita di fede.

Parlare di «aria», di atmosfere e di sensazioni a proposito della liturgia può sembrare futile e irrilevante, al più un discorso per esteti, e l'estetica, si sa, è spesso percepita come occupazione tipica di chi ha tempo da perdere. E però, se solo si è onesti, non si dovrebbe faticare a capire che a volte sono proprio quelle realtà impalpabili, che chiamiamo atmosfere o sensazioni, a lasciare nel cuore un segno profondo e duraturo, che all'occasione può essere facilmente risvegliato, e funzionare come benessere rigustato, o perfino stimolo a slanci di vera e propria conversione.

Certo, la liturgia è scuola della fede primariamente attraverso la memoria degli eventi che celebriamo, ma la memoria stessa non è puro ricordo intellettuale di fatti accaduti: esiste, ed è altrettanto importante, una memoria che chiamiamo «emotiva», e che è fatta delle reazioni suscitate nel nostro sentimento dagli eventi che ricordiamo. Questa memoria, attraverso la ripetizione delle celebrazioni e il loro intrecciarsi con il mutare della nostra vita, cresce e si solidifica, e funziona con forza ed efficacia, sia come contesto contemplativo sia come spinta all'azione, come si è appena detto.

A creare le atmosfere della liturgia, intesa come il luogo dove la fede trae la sua linfa vitale, concorrono certamente i testi, biblici e non, che la pietà della Chiesa ha radunato e organizzato nel corso dei secoli come materiale proprio per la celebrazione. Ma vi concorrono con altrettanta forza la musica, l'arte e la poesia che interpretano quei testi o vi si ispirano. È a questo tesoro immenso che attingono molte pagine dell'opera che qui si propone, secondo un genere letterario molto aperto cui si dà solitamente il nome di «meditazione».

È fin troppo ovvio che parlare, a proposito di liturgia, in termini di memoria emotiva, da costruire, risvegliare ed educare, significa immediatamente dare al discorso un tono che rischia di essere molto personale. Ma è un rischio che vale la pena di correre. Di trattati sulla liturgia e sull'anno liturgico ne esistono tanti e ne vengono prodotti in continuazione. Il piano su cui mi colloco è un altro, e ha più a che fare con la dimensione soggettiva e personale della fede. Queste meditazioni, forse sarebbe meglio dire «divagazioni», sulle feste e le stagioni dell'anno liturgico, hanno dunque molto a che fare con la memoria emotiva dell'autore, legata a letture, occasioni, incontri artistici e musicali che possono risultare abbastanza peculiari. Ma questo non impedisce di metterle in comune, di condividerle con chi vorrà, nella certezza che molte possono essere le risonanze, proprio perché comune è la fonte, così come è immaginabile che siano comuni i grandi sentimenti che da tale fonte vengono suscitati e alimentati. Il pubblico che ascolta in una sorta di ebbrezza felice una messa di Haydn, o ammira estasiato o sconvolto un quadro del Greco, è probabile viva emozioni largamente condivisibili, come del resto si capisce quando si ha la voglia o la possibilità di scambiarsele. La comunicazione nella fede, tanto sollecitata per rivitalizzare le nostre comunità, non va necessariamente intesa e vissuta come discussione di problemi teologici. Forse, in effetti, ci si aiuta di più scambiandoci i sentimenti e le emozioni che la partecipazione alla preghiera comune suscita in noi.

È dunque, questo libro, un percorso abbastanza personale, ma che mira a intrecciarsi con quello di altri fratelli nella fede e, se è il caso, offrire spunti e suggerire, in tutta modestia, come ciascuno possa costruirsi il proprio deposito di memorie emotive, così che la liturgia non resti una cosa da fare, o un copione da recitare, ma diventi sempre più una fonte cui abbeverarsi con gioia, un'esperienza di bellezza cui attingere risorse contro il peso deprimente del male.

Se dovessi suggerire un'immagine da collocare, per così dire, all'inizio del percorso, penso con assoluta naturalezza a un piccolo quadro di Francisco de Zurbarán, ora alla National Gallery di Londra, che mi ha colpito subito appena l'ho visto. Rappresenta, su uno sfondo nero, un piatto di peltro su cui poggiano una tazza di terracotta color grigio chiaro e una rosa. Vi ho scorto una essenzialità francescana, cara del resto al grande pittore sivigliano. Il fondo nero potrebbe indicare la necessità del silenzio (anche quel blocco di pensieri, sentimenti e parole che si produce in situazioni di crisi!), condizione assoluta per entrare nel processo meditativo che seleziona e focalizza oggetti, immagini, idee. Questo permette, a volte, di cogliere e mettere in risalto ciò che nella confusione potrebbe sfuggirci: il filo d'acqua trasparente che riempie la tazza, per esempio, che a tutta prima si rischia di non vedere, e che invece è l'unico elemento davvero vivo e fonte di vita, forse il vero centro del quadro, da cui viene una luce più importante del luccicore del peltro e della terracotta. Anche la rosa, che è recisa, e che pur con tutta la sua bellezza è destinata a morire, se immersa in quell'acqua potrebbe per un poco continuare a vivere.

Noi abbiamo sete di speranza e di bellezza, e il saper trovare la risposta a questi bisogni così fondamentali nelle piccole cose di tutti i giorni è un'arte che coincide, credo, con il punto più alto della fede vissuta come risorsa. Forse è anche per questo che, pur discorrendo in larga misura delle feste che costellano l'anno liturgico, ho preferito spesso sottolinearne non la dimensione eccezionale, ma quella feriale che vi si trova nascosta. Non è detto, infatti, che la bellezza più pura coincida con lo sfarzo e la magniloquenza, così come la speranza ha poco a che fare con l'arroganza imperiosa dei trionfi. Potrebbe anche darsi che, alla fine, la grande lezione che la liturgia ci offre ogni giorno è che per vivere basta davvero poco: una tazza d'acqua fresca a cui bere, e una rosa da guardare.

Avvertenza

I capitoli I, III, IV e V sono una versione ampiamente riveduta e parzialmente riscritta di articoli apparsi sulla rivista «Consacrazione e Servizio» nei mesi di dicembre 1998, gennaio, febbraio e settembre 1999. Il capitolo II è inedito.

I

Salvarsi dal naufragio: l'Avvento e la ricerca dell'appiglio

Un mondo giunto a sera

L'Avvento ha nella mia memoria un'inconfondibile tonalità vesperale. Sarà perché cade in una stagione in cui le giornate si accorciano, e dunque il buio arriva presto, invitando a lasciare l'attività frenetica e a tornare a casa, ma penso proprio di poter dire che l'atmosfera tipica dell'Avvento è il crepuscolo, e il rapido spegnersi della luce. Il buio può angosciare, e può anche rappacificare, essere vissuto come una minaccia di morte e di annientamento, o anche come chiamata all'interiorità, dove l'anima si ricompone nella pace. La letteratura liturgica dell'Avvento ha scelto di privilegiare la connessione del buio con la morte, e di leggere la condizione umana come un pericoloso scivolare verso il nulla della notte.

Queste note ci vengono incontro da subito, nell'antico inno *Conditor alme siderum* per i Vespri del tempo d'Avvento. La preghiera si alza al «creatore degli astri, luce eterna dei credenti», per ricordare che la sua venuta ha portato rimedio a «un mondo malato», destinato a «perire nella rovina della morte», ha irradiato la luce su un mondo che «declinava verso il buio della notte». L'inno esprime anche, e celebra come in anticipo, il glorioso paradosso della rivelazione cristiana, perché questo tempo che invoca la difesa contro le tenebre avrà il suo traguardo in una esplosione di luce proprio nel cuore della notte, un fulgore e una musica di angeli ad annunciare il Salvatore proprio quando il buio è più denso. Ma intanto a dominare sono queste immagini vesperali, che riportano a una domanda antica quanto il mondo: se si parte da Dio, come si può sopportare l'oscurità della morte? Se si parte dal mondo, come si può immaginare un Dio che l'ha fatto e che vive nella luce della vita? È bene, ogni tanto, ridurre i molti, intricati problemi dell'esistenza a un paio di domande fondamentali. Ed è bene che al ripartire dell'anno liturgico si metta a prova la nostra fede sugli interrogativi di fondo che fin dalle origini continuano a travagliare l'umanità.

L'inno è già, ovviamente, una risposta, ma non si capisce il valore e la gioia della risposta se non si indugia seriamente nell'angoscia della domanda. E non mi riferisco a un indugio di tipo intellettuale: chi discute sul problema del male in modi raffinatamente intellettualistici è in genere persona che sta bene. L'interrogativo sul male, quando davvero si soffre, assomiglia più a una sensazione di blocco, al grido che può alzarsi fino all'urlo disperato, al vuoto della desolazione da cui non si riesce a uscire, proprio perché mancano le risorse anche minime. Insomma: quello che si vuol dire con l'invito a indugiare nell'angoscia non è montare una tavola rotonda, ma stare con Gesù al Getsemani. Ed è proprio dall'esperienza del vuoto in cui sembra di sprofondare, e delle cose che ci scivolano via, che nasce il problema dell'appiglio.

A quale appiglio attaccarsi?

San Bernardo lavora in questo immaginario del naufragio quando attacca così il suo primo sermone per l'Avvento:

> I poveri figli di Adamo, invece di cercare ciò che è vero e porta a salvezza, si buttano su ciò che è caduco e fuggevole. [...] Sono simili a gente che sta per naufragare. E non c'è da stupirsi se li vedi aggrapparsi a chi li tiene, abbandonando senza alcuna ragione qualsiasi cosa gli sia capitata prima tra le mani, anche se poi si tratta di cosa che non può dare alcun aiuto, come per esempio radici d'erba o cose simili. Se infatti qualcuno viene in loro soccorso, lo afferrano e lo trascinano con sé, così che non si salvano né loro né chi li vuole soccorrere. Così periscono miseramente in questo mare vasto e immenso, perché attaccandosi a ciò che perisce trascurano ciò che è solido e che potrebbe aiutarli a tornare a galla e salvarsi[1].

[1] BERNARDO DI CHIARAVALLE, *Sermoni per l'Avvento,* 1, 1. I *Sermoni per l'Avvento* si trovano in *Sancti Bernardi Opera,* IV, a cura di J. Leclercq - H. Rochais, Editiones Cistercienses, Roma 1966.

È una visione desolata, e per niente neutra, della nostra condizione, perché mentre Bernardo descrive ciò che vede accadere davanti a sé, ne dà insieme un giudizio impietoso, quasi sprezzante nei confronti del nostro innato bisogno di trovare un appiglio. Ma si tratta di quella durezza che equivale a un salutare scrollone, a una doccia fredda che ci sveglia da un possibile torpore, lo stesso scossone che può confinare con il panico quando un'esperienza amara ci mette di fronte alla tragica fragilità di ciò a cui ci eravamo aggrappati. Di solito accade con le persone che sono gli appigli cui teniamo di più: basta che uno di questi sostegni, a volte il più rilevante, si incrini o si spezzi, e la paura del naufragio ci prende di nuovo alla gola.

L'aspetto penitenziale dell'Avvento penso consista proprio nell'esplorazione del motivo del naufragio, della fragilità strutturale nostra e degli altri, che sono come noi; la penitenza, e l'immancabile sofferenza che l'accompagna, sta quindi nel riesame sempre più serio delle illusioni che continuano a spuntare, su noi stessi, sugli altri, sulle cose. In fondo, denunciare la radicale fragilità di ogni appiglio terreno è esattamente un altro modo per dire la dimensione escatologica della fede che nell'Avvento siamo particolarmente chiamati a vivere. La tensione verso la completezza del mondo futuro non va declinata in indifferenza nei confronti del mondo presente, come sappiamo fin troppo bene, ma è chiamata invero a tradursi in senso di riserbo di fronte alla relatività di ogni cosa. Tale relatività può suscitare due atteggiamenti molto diversi: quello di chi riduce le aspettative sulla misura delle cose, e pensa di sconfiggere la parzialità accumulando quanto più può, e quello di chi legge la parzialità come un invito a cercare oltre, a cercare di più. Nel primo caso si generano illusioni, nel secondo si cresce dietro un ideale. L'Avvento non è certo una stagione che è destinata a nutrire illusioni, come la durezza del lessico di Bernardo ci ha detto fin troppo bene.

Illusioni e ideali

Parlare di quale sia la differenza tra illusioni e ideali è complicato, ma la stessa difficoltà di operare distinzioni dimostra quanto sia leggero il crinale che divide queste due cose, e quanto sia arduo operare un discernimento, e pericoloso muoversi per contrapposizioni secche. Non dobbiamo disprezzare le illusioni: sono forme del nostro desiderio e della nostra speranza, sono il segno, spesso doloroso, della nostra radicale insufficienza: vanno analizzate, regolate, ricondotte a essere una forza trainante. D'altra parte anche l'ideale può essere a volte inteso come parametro di giudizio assoluto, e avere di conseguenza risvolti negativi, e produrre spietatezza, nei confronti di sé e degli altri. Va detto che quanto al contenuto non c'è in fondo una gran differenza tra illusione e ideale: ambedue ci spingono verso qualcosa che non possediamo ancora. Se vogliamo, la differenza è che l'illusione nel suo offrirsi come cosa facile e come risposta totalmente appagante è falsa, e può dunque essere fuorviante; l'ideale, invece, è pure qualcosa che non è ancora realtà, ma nella sua grandezza e nella sua distanza ha il potere di far crescere il desiderio, e di attrarre, magnetizzandole, le nostre forze. Dunque, il compito del tempo d'Avvento è decifrare le illusioni, cavarne il potenziale ideale di cui sono cariche, e trasferire tale potenziale nella prassi.

Per essere semplici e venire subito al dunque, ripensiamo alla nostra condizione di naufraghi: ci sentiamo persi, insicuri, e abbiamo bisogno di qualcosa che ci faccia uscire da questa paura. Possiamo dire, in tutta verità, che in conseguenza di ciò l'illusione più grande e più frequente è che cose e persone possano rispondere in modo pieno e definitivo al nostro bisogno di sicurezza.

Partiamo dal desiderio di possedere, che è il più violento, e che proprio in questa sua violenza continua a dirci che noi siamo radicalmente poveri, indigenti, bisognosi. Quando il desiderio si proietta sulle cose, con l'illusione che più se ne ha e più si è sicuri, lo smascheramento è relativamente facile. Non per niente Bernardo ha chiamato questo appiglio una «radice d'erba», non certo un tronco d'albero: l'attaccarsi alle cose è un sostegno inconsistente, scivoloso, inutile. Anche se questo non impedisce che ci si caschi, come insegna l'impressionante parabola del ricco stolto (cf Lc 12, 15-21).

Più complicato è il desiderio che spinge a possedere le persone. Qui dovremmo essere già esorcizzati da una delle prime parole della Bibbia: «Non è bene che l'uomo sia solo: gli voglio fare un aiuto che gli sia simile» (Gn 2, 18). Un aiuto che è simile a ciò che deve aiutare non è alla fine un grande aiuto! E però questa è la realtà. L'illusione è pensare che l'aiuto dell'altro, la presenza di un'altra persona nella mia vita, possa risolvere totalmente e definitivamente il mio bisogno di aiuto. L'ideale vero è invece scoprire che questo aiuto definitivo esiste: lo chiamiamo «Dio», e questo ci impedisce di cadere nella disperazione. L'ideale che diventa prassi è scoprire che sulla strada che ci porta a Dio ciascuno è chiamato ad aiutare, a portare con la sua fragilità la fragilità degli altri, a sostenere con la sua compassione la speranza di chi fa fatica a camminare. Solo così si guarisce l'illusione, e si impedisce all'ideale di funzionare in modo perverso.

Uomini vuoti

A questo punto forse la denuncia di Bernardo appare meno spietata. Dicendo che c'è un modo di aiutarci che finisce per essere un naufragio per tutti, egli forse vuol dimostrare che in questo atno all'altro, che non tiene conto di vero appiglio che è Dio, c'è un rischio ollettivo. E in effetti non è chi non veda quali abbagli nascano dal porre tutte le nostre aspettative in una persona, scambiando per assoluto quello che non lo è. L'esperienza e la psicologia hanno già dimostrato abbondantemente quale potenziale di autodistruzione ci sia in quelle unioni totalizzanti che si illudono di cancellare ogni distanza tra le persone, di guarire ogni ferita, di essere fonte inesauribile e ininterrotta di appagamento.

Contro questo rischio, poche parole di un poeta moderno, W.H. Auden (1907-1973), fissano in modo potentemente plastico la situazione:

> Il buio e la neve scendono;
> l'orologio al muro
> non ha niente da raccomandare,
> né la faccia nello specchio
> appare più nobile della nostra
> poiché buio e neve scendono,
> su ogni personalità[2].

L'oscurità e il freddo, le ore vuote di senso, l'insignificanza dei volti fanno di questa strofa una versione contemporanea dell'antico *Conditor alme*

[2] Cf W.H. Auden, *For the Time Being. A Christmas Oratorio*, in Id., *Collected Longer Poems*, Faber and Faber, London 1968, pp. 131-197 qui p. 133. Esiste una traduzione italiana di A. Ciliberti in *Opere poetiche di W.H. Auden*, I, Lerici, Milano 1966, pp. 263-245. Le traduzioni nel testo sono mie. Cf D. Pezzini, *For the Time Being: una lettura alla luce della tradizione*, in Aa.Vv., *W.H. Auden. Riti della parola*, Vita e Pensiero, Milano 1985, pp. 107-176.

siderum. È importante rendersi conto di questa deficienza di base che ci accomuna tutti. Proprio su questa condizione Bernardo fonda il suo ragionamento sulla vanità degli appigli, quando scrive:

> Perché tanto affanno dietro alle ricchezze terrene e alla gloria mondana, cose che non sono né vere né vostre? L'oro e l'argento non sono forse terra rossa e bianca che solo l'errore degli uomini ha reso preziosa, o meglio ritiene che sia tale? Se queste cose sono vostre prendetele dunque con voi. Ma l'uomo quando muore non porta tutto con sé, né la sua gloria scende con lui nella tomba (cf Sal 49, 17-18). Le vere ricchezze non sono i beni, ma le virtù: queste la coscienza le porta con sé, e ne diventa ricca per l'eternità. Quanto poi alla gloria, così dice l'apostolo Paolo: la nostra gloria è la testimonianza della nostra coscienza (cf 2 Cor 1, 12). La gloria vera scaturisce dallo Spirito di verità: «lo stesso Spirito attesta al nostro spirito che siamo figli di Dio» (Rm 8, 16). La gloria che gli uomini si attribuiscono gli uni agli altri, non cercando quella che solo può venire da Dio, è vuota, perché vuoti sono gli uomini. E tu sei insensato quando raduni il tuo tesoro nella bocca di un altro come te: hai forse dimenticato che in questo modo tu affidi la tua ricompensa a un sacco bucato, a una cassaforte che non si chiude e che non ha serrature?[3]

Il discorso di Bernardo è brutale, ma può essere refrigerante e liberatorio. Non è molto lontano da lui un grande poeta moderno, che in un celebre testo di carattere penitenziale usa come titolo un'espressione vicina al lessico dell'abate di Chiaraval-

[3] BERNARDO DI CHIARAVALLE, *Sermoni per l'Avvento*, 4, 1-2.

le: mi riferisco a *Gli uomini vuoti*, uno splendido testo di T.S. Eliot, a cui rimando il lettore[4], e che potrebbe essere una salutare meditazione per l'Avvento. Vi si trovano gli stessi temi, e la stessa ricerca di appigli, che Eliot semina come frammenti a lato delle ultime strofe. A introdurle il poeta trasforma in parodia una filastrocca per bambini che, nella versione originale, fanno il loro girotondo attorno a un cespuglio di more. Quest'ultimo, nel testo di Eliot, diventa una pianta di fico d'India, le cui spine scoraggiano il desiderio, con il girotondo che rischia di essere un esercizio futile attorno a un oggetto irraggiungibile. Le strofe definiscono gli «uomini vuoti» (chiamati anche, all'inizio, «uomini impagliati», cioè spaventapasseri) in termini di spaccature radicali e irriconciliabili che li dividono tra l'idea e la realtà, tra il gesticolare e l'agire, tra il concepire e il creare, tra l'emozione e la risposta, tra il desiderio e lo spasimo, tra il poter essere e l'essere, tra l'essenza e il suo scendere nella realtà. Tra i due elementi, che esigono per natura di essere collegati fluendo l'uno nell'altro, cade l'Ombra, e il risultato è una disperata paralisi, un'impotenza invincibile: un ideale si rivela illusorio. In questa situazione, ai lati dei versi che descrivono il fallimento, appaiono in corsivo, come puntelli, o appigli, due frasi: «Perché tuo è il Regno», e «La vita è molto lunga», che alla fine letteralmente si spezza-

[4] Cf T.S. Eliot, *Collected Poems*, Faber and Faber, London 1963, pp. 89-122.

no, diventando frammenti: «perché tuo è», «la vita è», «perché tuo è il». Incapacità di affidarsi, fino all'incapacità di parlare? Gli appigli si sono rivelati futili? Che cosa vogliono dire queste frasi-puntello? Possono esprimere la rassegnazione di chi rimanda la decisione: tanto la vita è lunga, tanto a fare le cose ci pensa Dio. Ma possono anche voler dire un oscillare tra la ricerca del Regno, oltre le nostre lacerazioni, e il lasciare le cose come sono, tanto c'è tempo! La poesia è naturalmente ambigua, ed è giusto che lo sia. Ci lascia in bilico, tra la salvezza e il naufragio.

Risalire dal fondo

Resta che il nulla è un'immagine su cui lavorare, il nulla come sensazione del niente, come perdita di senso, come dolorosa percezione dell'inutilità del tutto. Il libro del Qohelet potrebbe, insieme a Eliot, formare il sottofondo mentale della meditazione nel tempo d'Avvento. Così alla fine, quando la liturgia ci ripresenterà gli splendidi testi delle antifone «O», potremo apprezzare ancor meglio, soprattutto emotivamente, da quale situazione preghiamo di essere liberati[5].

[5] Per un commento esistenziale a queste antifone rimando a D. PEZZINI, *Il tesoro e la creta,* Paoline, Milano 1995, pp. 17-29; ID., *Le stagioni della fede,* Paoline, Milano 1996, dove si trovano altri testi poetici per l'Avvento e il Natale con le relative meditazioni. Per la musica delle antifone O, a parte, naturalmente la melodia gregoriana, segnalo la versione di Marc-Antoine Charpentier (1643-1704), nel CD HMA 1905124, *Antiennes «O» de l'Avent.*

La situazione è descritta così da san Bernardo:

> Consideriamo il tempo della venuta del nostro Salvatore. [...] Venne alla fine dei tempi. Cadeva la sera e il giorno già declinava (cf Lc 24, 29), il sole di giustizia si era un poco eclissato, così che sulla terra scarso era il suo splendore e debole il calore. Infatti, la luce che apre alla conoscenza delle cose di Dio era ridotta quasi a niente, e nel crescere della cattiveria anche l'ardore della carità si era raffreddato (cf Mt 24, 12). Nessun angelo in quel cielo, nessuna voce di profeta: tacevano come vinti dalla disperazione, stanchi per la durezza degli uomini chiusi nella loro ostinazione[6].

Ritornano le immagini dell'inno d'Avvento da cui siamo partiti: il mondo che piega verso la notte, e l'evocazione della strada di Emmaus su cui cammina con passo stanco una speranza in crisi. Quando però si è giunti al fondo del nulla, quando il senso di impotenza è totale, è il tempo di lasciarsi affascinare dalla musica dell'Avvento. E intendo qui musica in senso letterale. Penso a tre brani, abbastanza noti, che ci dettano in qualche modo la scansione di un movimento che potrebbe benissimo caratterizzare la stagione dell'Avvento.

Il primo è l'aria *Every valley*, dal *Messia* di Handel, che parte come invito alla gioia dopo che il recitativo ha presentato la consolazione che Dio vuole offrire al suo popolo. Modulata sul celebre testo di Isaia[7], l'aria utilizza figure che esprimono

[6] Bernardo di Chiaravalle, *Sermoni per l'Avvento*, 1, 9.

[7] «Ogni valle sia colmata, / ogni monte e colle siano abbassati; / il terreno accidentato si trasformi in piano / e quello scosceso in pianura» (Is 40, 4).

scatti vivaci verso l'alto. È una melodia gaudiosa, che crea un incontenibile senso di effervescenza interiore. È a suo modo metafora, e concreta pregustazione, di tutti quei segni di luce che nel fondo valle fanno intendere e sperare una realtà alta, viva, appagante. L'Avvento ci chiede di stare attenti e vigilanti nei confronti di questi segni che ci annunciano la consolazione di Dio e tengono viva la speranza.

Il secondo brano è l'aria iniziale di una Cantata[8] di Bach per l'Avvento, la n. 132, *Bereitet die Wege, bereitet die Bahn*[9], che costituisce la concreta risposta dell'azione all'annuncio di gioia. Il musicista ha impresso alla melodia, affidata all'oboe in sintonia con la voce, un ritmo dinamico e saltellante, con una irrefrenabile spinta in avanti, quasi una danza leggera e inebriante che si espande in volute festose di puro entusiasmo. Credo si suggerisca qui quell'atteggiamento spirituale che il latino della liturgia rende spesso con il termine *alacritas,* che è slancio, fervore, generosità, un muoversi come se si avessero le ali, appunto.

[8] Nel testo si fa riferimento a diverse Cantate di Bach. Non ci si spaventi del fatto che le Cantate sono in tedesco: tutti i libretti che accompagnano i dischi hanno anche la traduzione in altre lingue, anche se non sempre in italiano. Per chi volesse abbeverarsi a questa vera e propria enciclopedia spirituale-liturgica in musica esiste una traduzione fortunatamente molto letterale di tutte le Cantate in quattro pratici volumetti economici (Collana Libretto, Editore Ariele). Del resto la fatica di comprendere è salutare: ci si liberi una buona volta dal bisogno di leggere in fretta, e si prendano i minuti necessari per sostare su una Cantata, testo e musica: è una forma di meditazione estremamente fertile e appagante.

[9] «Preparate la via, preparate la strada» (cf Mt 3, 3).

Il terzo brano è ancora di Bach, ed è il primo dei tre preludi corali della serie di Lipsia che il musicista ha scritto elaborando la semplicissima melodia di un inno d'Avvento, il *Nun komm der Heiden Heiland*[10], composto da Lutero nel 1524, in pratica una traduzione tedesca del *Veni Redemptor gentium*. Sviluppando i due movimenti presenti nella melodia del primo e del quarto verso della strofa, uno ascendente (la-do) e uno discendente (do-la), Bach crea una serie struggente di linee melodiche che si avviluppano in salita per scendere poi nella quiete, dando corpo insieme allo slancio del desiderio e alla dolcezza dell'abbandono. Questa è la vera atmosfera spirituale del tempo d'Avvento, sospeso tra la gioia dell'annuncio e la forza necessaria per preparare la strada ad accogliere Dio che viene, e magari per andargli incontro.

La gioia dell'Avvento

Dove passa questa gioia? Dove passa questa strada? Dove passa Dio? Torniamo al testo di Bernardo appena citato. Ciò che impressiona è l'affievolirsi, oltre che della luce, anche del calore, e al freddo si accompagna il silenzio di un cielo senza voci. È dunque la mancanza di comunicazione, la mancanza di relazione a rendere il mondo malato: ognuno rimane chiuso nel carcere che si è costruito, fatto di stanchezza e di disperazione. È quella situazione

[10] BWV 659.

che con versi splendidi descrive una poetessa inglese del nostro tempo, Elizabeth Jennings:

Se il mito è logoro, e la leggenda spezzata,
inutili perfino dentro la storia del bambino
dato che egli vede bene come non portino più luce
nei nostri occhi: e se il nostro passato si ritrae
e vola via come polvere lungo il deserto,
che non ci porta affatto al nostro momento presente,
collocandoci in questo posto e dicendo: «Qui
in te io continuerò» – allora, che razza di
vita abbiamo? Possiamo far rivivere i miti
soffiandoci sopra? C'è un qualche stoppino
che riporti lo scintillio ai nostri occhi?
Ci siamo ritirati rientrando nelle nostre menti
un po' troppo, lì ci siamo costruiti stanze con tutte le
[porte chiuse,
tutte le finestre sbarrate. Lì ce ne stiamo inerti, e il no-
[stro broncio
elimina il mito, mette da parte le graziose leggende;
a malapena sentiamo i bambini fuori che gridano.
Conosciamo solo il modo di amare noi stessi,
e abbiamo perso la forza che ci faceva capaci di perderci.
Che il vento da fuori torni a soffiare dentro di noi
e torni la polvere, e tutte le voci dei bambini.
Che tutto ciò che non è noi ritorni.
I miti sono le memorie che abbiamo respinto
e le leggende hanno bisogno della libertà delle nostre
[menti[11].

È la stessa situazione di chiusura di cui parlava san Bernardo, una difesa dai «miti» e dalle

[11] E. JENNINGS, *In This Time*, in ID., *Collected Poems (1953-1985)*, Carcanet, Manchester 1986, p. 23.

«graziose leggende», che sono parole profondamente ambigue, meglio sarebbe dire *parole in bilico:* possono volatilizzarsi in illusioni inconsistenti, o trasformarsi in ideali trascinanti, come si diceva: dipende da noi. Chiuderli fuori significa decidere che si tratta di illusioni; ma se ne ricava solo inerzia e broncio. L'uscita è lasciare che il «vento» riporti in casa la «polvere» e le «voci dei bambini». Non si fatica a vedere in questo vento lo Spirito. Piuttosto curioso, invece, l'effetto del suo irrompere, perché quello che ci porta in casa è un miscuglio di cose contraddittorie, se per polvere si intende la relativa inconsistenza della nostra vita, con tutta la sua fragilità («Polvere sei, e in polvere ritornerai!»), e nelle voci dei bambini si sente invece il canto della vita innocente, la musica del paradiso terrestre. Il mito e la leggenda si sposano benissimo con il lessico dell'ideale: sono «ciò che non è noi», ciò che non fa più o non fa ancora parte della nostra persona, ma di cui abbiamo bisogno per crescere e per dilatarci, al vento dello Spirito, appunto.

Tornare allora, o andare, verso l'Altro e verso gli altri. Non è chiudendoci in noi stessi, né rendendo angusta la mente e il cuore, che ci salveremo. Perché Dio e la sua gioia ci attendono sulla strada delle nostre relazioni. Si torna, ancora, al punto pratico della cosa: noi siamo fuori dal paradiso, ma possiamo sperimentarne qualche assaggio realizzandolo in parte già qui, e prepararlo di nuovo nella sua pienezza, nella misura in cui sappiamo uscire dalla prigione che ci costruiamo amando solo noi stessi, per ritrovare «la forza che ci rende capaci di perderci»[12] e di andare verso gli altri.

Cantare la speranza

Per completare il tema dell'Avvento manca solo la seconda, e importantissima, parte del discorso, quella della speranza. Perché non servirebbe a niente denunciare il rischio di naufragio se non apparisse all'orizzonte l'immagine di un porto dalle acque tranquille. Per la verità la risposta è già stata data implicitamente in alcune delle cose dette sin qui: la necessità di agganciare il nostro niente e la mutabilità che ne deriva alla fonte dell'essere che è Dio e il suo Regno (Eliot), e l'invito ad aprire porte e finestre all'irruzione dello Spirito che ci fa uscire dalla prigione del nostro egoismo, e della nostra disperazione (Jennings). Ora, tra Dio creatore e lo Spirito che dà vita appare il volto umano di Gesù di Nazaret, un volto che riversa nella «carne» la luce e la forza del «Verbo»: è lui l'appiglio per antonomasia, l'aggancio con l'essere e la stabilità che ci salva dal naufragare nel niente. Dal punto di vista della liturgia la risposta risplende in tutto il suo fulgore nella celebrazione del Natale, che non è tanto la festa che «viene dopo», ma l'altra faccia dell'Avvento, che, come si ricor-

[12] Cf Mc 8, 35 e par.

derà, non significa soltanto o soprattutto «attesa», ma «venuta», appunto.

Torniamo a san Bernardo, che elabora da par suo il grande paradosso dell'incarnazione, in chiave di stupore e di implicita gratitudine:

> Di solito non è il ricco che si muove verso il povero. Avremmo dovuto noi, fratelli, andare verso Dio, ma due cose ce lo impedivano. Da una parte, infatti, i nostri occhi erano pieni di buio, mentre lui abita una luce irraggiungibile; dall'altra eravamo come paralizzati, non riuscendo a sollevarci verso la vetta eccelsa della divinità. Allora nella sua straordinaria bontà il salvatore e medico delle nostre anime s'abbassò fino a noi, e con il fulgore della sua luce rinvigorì la nostra debole vista. Si rivestì come di una lanterna, cioè di quel corpo glorioso e mondo da ogni macchia che ha ricevuto[13].

L'immagine della «lanterna» indica il ridursi del fulgore del sole divino nell'opacità e nella povertà di un corpo umano, e anche in questo c'è, magnifica, la pietà di Dio, la sua misericordia per i nostri occhi, che non sopporterebbero di essere abbagliati. Ed è un'immagine che non può non ricordare la «lampada che brilla in un luogo oscuro» (2 Pt 1, 19) con cui viene indicata la parola dei profeti. È ben vero che Gesù è la luce più chiara di tutte, ma la nostra oscurità rimane, e l'opacità della sua umanità pure. Ma allora un'altra cosa grande è detta qui: la fragilità, che all'inizio faceva tanta paura, è la strada scelta da Dio per venire accanto a

[13] Bernardo di Chiaravalle, *Sermoni per l'Avvento*, 1, 8.

noi e farci compagnia. La ricerca dell'appiglio forte va tradotta, paradossalmente, nell'affidarsi a un bambino, e contro il buio della notte ci viene data una lanterna. Per questo al Natale tocca svegliare la corda della gioia e della gratitudine, la quale però già attraversa tutto il tempo dell'Avvento.

Il nuovo che si innesta sull'antico

Dalla paura alla gioia, dalla fragilità sofferta alla forza che nasce dalla fragilità condivisa: sono solo alcuni dei tanti paradossi che caratterizzano la vita di fede. Anche sul senso del tempo l'Avvento ci aiuta a vivere un paradosso fondamentale. La liturgia, lo si è già detto, è assolutamente legata al tempo: si pone in effetti al punto di intersezione tra passato e futuro, è lode che evoca la memoria e nutre il desiderio, è pedagogia che sostiene il nostro passo poggiandolo sulla forza dei gesti di Dio già realizzati e sulla speranza di ciò che deve ancora venire. Ora, dal punto di vista di come vivere la dimensione del tempo forse nessuna stagione liturgica è tanto significativa quanto il tempo d'Avvento: perché ritorna, e perché segna ogni volta un inizio. È anche la ragione del suo fascino. Se ci si chiede perché questo tempo dello spirito riesca a suscitare un'immediata e commossa adesione, credo si possa dire che il cuore vi ritrova la risposta a due bisogni fondamentali e in qualche modo contraddittori: il nuovo e l'antico, la voglia di ricominciare da capo e l'esigenza di ritrovarsi in cose già note e già sperimentate, l'avventura e il ritorno a casa, la freschezza eccitante del tuffo nell'inesplorato e la sicurezza tranquillizzante delle cose che si ripetono.

Il primo di questi due sentimenti è probabilmente il più immediato. Con l'Avvento riparte l'anno liturgico, lo stacco è netto e la differenza salta agli occhi: colori, canti, linguaggio e temi delle letture portano di colpo in un mondo nuovo del quale è impossibile non accorgersi. Uno è come aggredito dal perentorio invito della liturgia: «Svegliatevi!». E l'ordine di uscire dal torpore è continuo e insistente, sia che si vesta dei toni chiari e festosi con cui Isaia annuncia l'arrivo di un mondo trasfigurato in perenne primavera, sia che ci raggiunga come una sferzata impietosa nelle parole di Giovanni Battista, le quali chiedono un cambiamento rapido e deciso. L'Avvento è la stagione del fervore: irrompono nel nostro universo stagnante le parole dei profeti che aprono gli occhi ai ciechi e fanno saltare lo zoppo come un cervo. L'Avvento è la stagione della speranza: ci viene detto che l'incredibile può accadere, che da un tronco marcio e imputridito può spuntare un germoglio nuovo dal vigore inaudito. Bisogna lasciarsi contagiare da questo fervore e da questa speranza: l'Avvento è bello perché riscalda il cuore e lo apre alle innumerevoli possibilità di gioia nascoste nel nostro mondo. L'Avvento arriva come una musica: «Ogni valle sarà elevata», e «Preparate la via», come si diceva richiamando Handel e Bach.

Ma l'Avvento è anche bello proprio perché ritorna, e ritornando ogni anno, come le stagioni, ci fa vivere l'esperienza della fedeltà di Dio. Forse non si valuta a sufficienza il peso che ha, o che può avere, il ritornare delle cose per mettere ordine in una vita che rischia sempre di dissolversi nella ricerca nevrotica della novità a tutti i costi. Ho la netta sensazione che si debba tornare a fare l'elogio dell'abitudine e, nel caso specifico, a dire che la liturgia, a cominciare dalla messa domenicale e, per chi la pratica, dalla preghiera delle Ore, ci educa, ci aiuta e ci rappacifica proprio perché è sempre uguale. Un eccesso di soggettività è, come si sa, al di là delle nostre possibilità e finisce per avere conseguenze nefaste. Una persona non è in grado di creare ogni giorno il suo destino, di portare da sola la sua vita, di fare cose nuove ogni mattina. Ecco allora il valore rassicurante dello schema, della legge, delle cose codificate in cui inserirsi, dei rapporti e dei ruoli già stabiliti. La «fedeltà di Dio», se non vuole essere una formula, ci viene comunicata anche attraverso la ripetitività della liturgia, dove la fede della singola persona incontra quella della comunità, dove la dimensione soggettiva del credere viene sanamente integrata da quella oggettiva, dove una giusta esperienza di novità si sposa con il calarsi tranquillizzante in una realtà già fatta e già sperimentata, e che nel suo farsi si carica in continuazione di memorie emotive profondamente benefiche.

Celebrando la compagnia di Dio

Tornando allo specifico del tempo d'Avvento, chiediamoci come il nuovo sboccia sull'antico, che è quanto dire qual è il senso presente della venuta di Cristo e della sua celebrazione. Ascoltiamo ancora san Bernardo, che in qualche modo tira le fila di tutto il discorso fatto sin qui:

> Noi siamo gente facile a illudersi, debole nell'agire, fragile nel resistere. Se vogliamo distinguere il bene dal male ci sbagliamo; se tentiamo di fare il bene ci stanchiamo; se ci sforziamo di resistere al male ci abbattiamo e veniamo sconfitti. Ecco perché è necessario che venga il Salvatore, perché questa radicale impotenza dell'uomo ha bisogno della presenza di Cristo. E venga davvero, con tutta l'abbondanza della sua generosità. Abitando in noi per la fede, egli illuminerà la nostra cecità, rimanendo con noi soccorrerà la nostra infermità, lottando al nostro fianco diventerà scudo che protegge la nostra fragilità. Per questo, infatti, è venuto nel mondo, perché abitando in mezzo agli uomini, con gli uomini, per gli uomini, potesse illuminare le nostre tenebre, alleviare le nostre fatiche, respingere pericoli e insidie[14].

È una splendida sintesi del senso della stagione che apre l'anno liturgico e ne dà, per così dire, il tono. Potremmo parlare al riguardo di «teologia pratica», che descrive il modo di fare di Dio e sug-

[14] Id., *Sermoni per l'Avvento,* 7, 1-2.

gerisce insieme, implicitamente, come noi possiamo imitarlo. In effetti, al di là delle espressioni verbali, quando ci si ferma a considerare il cuore dell'uomo, i tempi sembra che non cambino mai. Questo significa che l'antico inno liturgico, un monaco del XII secolo, compositori del XVIII e i poeti contemporanei suonano tutti la stessa musica. E questo non dovrebbe dare nessun senso di fastidio, ma, al contrario, suscitare la gioia di sintonie ritrovate.

Ricuperiamo tutto, allora, alla fine. La malattia del mondo, che l'inno antico segnalava in termini generici, è declinata dal poeta moderno con questi versi:

> La lanterna del profeta è spenta
> e la pietra di confine è sparita,
> freddo il cuore e fredda la stufa,
> il ghiaccio si condensa sulle ossa:
> l'inverno completa un secolo.
>
> Fuori dal giardino civile
> di ogni giorno d'amore
> s'acquatta una passione selvaggia:
> distruggere ed essere distrutto[15].

Il buio, lo sbandamento (non ci sono più confini), il freddo, l'amore che si degrada in passione violenta, che si autodistrugge in un'assurda voglia di distruzione, non bastano come segni di un mondo malato? Eppure, la percezione della fragi-

[15] Cf W.H. Auden, *For the Time Being. A Christmas Oratorio*, cit., p. 134.

lità che ci accomuna non deve portare alla desolazione, ma, alla luce del Natale, in cui il Figlio di Dio si è rivestito della nostra fragilità per aiutarci a uscirne, anzi, proprio la coscienza acuta di tale fragilità può essere di stimolo a scoprire che la nostra missione nel mondo non può essere diversa da quella di Cristo: stare accanto, vivendo la fraternità nella reciprocità. Si ascolti ancora una volta san Bernardo:

> Abbiamo un debito verso i fratelli con i quali viviamo in forza del vincolo di fraternità che ci unisce: dobbiamo loro consiglio e aiuto. E questo vogliamo che essi pure diano a noi: il consiglio, per mettere riparo alla nostra ignoranza, l'aiuto, per venire in soccorso alla nostra debolezza. [...] I fratelli redenti dal sangue di Cristo sono come un tesoro che portiamo in vasi fragili, e il cumulo della responsabilità è aggravato dal peso della paura: devo infatti custodire la mia coscienza e quella del mio prossimo, eppure non conosco abbastanza né l'una né l'altra. Ambedue sono un abisso senza fondo, una notte senza luce, e tuttavia mi si chiede di custodirle ambedue, e sento il grido: «Sentinella, che mi dici della notte?»[16].

Ecco dove porta il percorso di una meditazione che era partita dalla denuncia di una radicale oscurità, ma che muove verso la luce della notte di Natale: il traguardo pratico è l'impegno a portare i fratelli come portassimo in un'ampolla il sangue di Cristo, perché questo è il loro valore, con un atteggiamento che è fatto di un sano equilibrio tra il sen-

[16] BERNARDO DI CHIARAVALLE, *Sermoni per l'Avvento*, 3, 5-6.

tirsi responsabili degli altri e il rispetto del loro mistero, della loro «notte», che è uguale alla nostra.

Alla fine, dunque, celebrare l'Avvento, e il Natale, finisce per essere un «orientare» la nostra mentalità e la nostra vita secondo il criterio con cui Cristo ci giudicherà al suo ritorno: «Ogni volta che avete fatto queste cose a uno solo di questi miei fratelli più piccoli, l'avete fatto a me» (Mt 25, 40). Colui il cui nome è *Gesù,* perché ci salva (Mt 1, 21), ed *Emmanuele,* perché è con noi (Mt 1, 23), ci ricorda per chi e perché è venuto, e ci insegna allo stesso tempo come celebrare la sua presenza e come preparare il suo ritorno.

II

Natale: sostare sulla soglia

C'era una frase che per qualche tempo ha imperversato nel nostro universo comunicativo sino a diventare francamente noiosa. Potrà anche sembrare una civetteria, ma personalmente ero un po' stanco di sentire nominare «la soglia del terzo millennio» in tutte le salse: in titoli di giornali cattolici e non, in bollettini parrocchiali e cronache dal Vaticano, in omelie di vescovi e in quelle di curati di campagna, da teologi delle tavole rotonde e da conduttori di talk-show (traduzione letterale: chiacchiera-spettacolo), da maestosi monsignori di curia e da volatili presentatrici che ostentavano, nel caso, una seriosità altamente improbabile. Tutti erano sempre sul punto di varcare questa mitica «soglia». Ma di che cosa?

Va detto che uno degli effetti perversi della logorrea mediatica è la rapida riduzione a banalità di qualsiasi cosa che può anche essere nata come un concetto importante. E tra le feste cristiane, se ce n'è una ad alto rischio di banalità linguistica, questa è certamente il Natale. Ecco perché, se a una situazione già logora si sovrappone la retorica del millennio, il pericolo di parlare a vuoto è alto.

Devo confessare che una delle materie che ha sempre suscitato in me scarsa simpatia è, sin dai tempi del liceo, l'astronomia, poiché vi appaiono spesso numeri così lunghi da sfuggirmi completamente. Riconosco che la parola «millennio» mi fa esattamente lo stesso effetto. È una cosa talmente grossa che finisce per non voler dire nulla. Saremo stati pure sulla soglia, o al tornante del terzo millennio, ma cosa c'è di là? Niente che noi sappiamo. In termini di millenni si può ragionare al più, e con mostruose approssimazioni, di quelli passati, non certo di quelli a venire. Rimane sempre il fatto che queste non sono le nostre misure, perché i nostri anni si contano al più a decine, e neanche tante: settant'anni, dice la Bibbia, e se siamo robusti, ottanta (cf Sal 90, 10).

Sarà anche per questo che non sono riuscito a capire, né credo che mai ci riuscirò (devo dire, spudoratamente, che non mi ci sforzo neppure), perché ci sia stata tanta enfasi su questa «soglia» millenaria. Non che sia indifferente all'immagine della soglia, anzi! Ma non in questa versione. La soglia dà su una stanza, o su un giardino, non su un millennio. La soglia, quando è metaforicamente applicata a una persona, dà accesso al cuore, e non si può entrare nel cuore dei millenni, né di una folla di persone. Sarà meglio lasciare l'enfasi, e tornare alle misure sommesse e discrete della realtà. Perché il Natale ci invita sì a varcare una soglia, o almeno ad avvicinarci a essa, ma non è la soglia di un millennio: è quella di una stalla.

La fatica di «dire» il Natale

Sulla soglia di una stalla i Pastori si saranno probabilmente sentiti a casa loro, ma i Magi certamente no. E noi assomigliamo molto più a questi che a quelli. A meno di passare per un'esperienza acuta di impotenza della mente, non meno che del cuore, e della parola. Tale impotenza mi prende facilmente quando sono chiamato a parlare o a scrivere del Natale. Mi ritrovo ad aprire e chiudere libri, antichi e moderni, alla ricerca di uno spunto, di una luce. Niente. Rimane solo quel fastidio da cui sono partito, e la sensazione di trovarmi davanti alla stalla di Betlemme senza sapere bene perché e per cosa mi trovo lì.

Poi, magari, scopro una poesia che si intitola *Cieco Natale* e che recita così:

> Natale; i temi sono esauriti.
> E tuttavia c'è sempre spazio
> nel cuore perché un altro
> fiocco di neve riveli uno schema.
>
> L'amore bussa con dita così gelate.
> Guardo fuori. Nell'ombra
> di un Dio così vasto io tremo, incapace
> a causa del bianco di scoprire il bambino[1].

[1] R.S. Thomas, *Blind Noel*, in Id., *No Truce with the Furies*, Bloodaxe Books, Newcastle upon Tyne 1995, p. 84.

Ma sono versi da cui non viene nessun conforto, ahimè!, solo la conferma di questa tragica incapacità di dire ancora qualcosa sul Natale, e insieme la voglia di non rassegnarsi alla ripetitività del rito senza che ne esca una qualche scintilla, fosse anche lo «schema» che si rivela in un fiocco di neve. R.S. Thomas, prete anglicano nato a Cardiff nel 1913, morto nel settembre 2000, è un poeta scabro e severo, e proprio per questo è un rimedio sicuro contro la banalizzazione della parola. Una poesia come questa, con tutta quella neve, può anche far venire in mente il «Bianco Natale» e la voce flautata di Bing Crosby con le incrostazioni emotive che ne accompagnano il ricordo. Per me è la memoria degli inverni freddissimi degli anni di guerra, e l'adolescenza lontana.

Ma in questi Natali di fine o di inizio millennio mi sento più a casa mia nelle parole di Thomas. Mi trovo davanti a un Dio che se pur si rivela nella perfezione di un cristallo di neve è però anche quel biancore accecante che assomiglia pericolosamente al vuoto, un nome che a tratti sembra essere risucchiato nell'insignificanza di una parola che, logora per il troppo uso, non riesce più a definire nessun confine. È questo logorio, alla fine, la ragione per cui formule come «la soglia del millennio» risultano essere una pura sequenza di segni e di suoni che non suscitano nessuna immagine, nessuna risonanza emotiva. E l'enfasi massmediale sulla formula può arrivare a far ridere, o a far pena, a piacere.

La celebrazione della fragilità

Che la salvezza si trovi allora nel curvarsi su un fiocco di neve? Niente di strano, se la soglia alla quale ci conduce il Natale è quella di una stalla. In effetti, è lì dentro che siamo invitati a guardare. Anche se di stalle nella storia dell'iconografia della natività ce ne sono tante, e alcune così fini ed eleganti che sembrano un ricamo: Botticelli insegna! Per riscoprire la severità terrificante della grotta bisogna ritornare all'iconografia bizantina, dove lo sfondo è una caverna, e la mangiatoia ha la forma di una tomba: lì la stalla di Betlemme assomiglia molto al sepolcro del Calvario. Ma tutto è perfettamente logico, perché l'incarnazione è la discesa di Dio nella debolezza e nella morte. E questo si fatica sempre a capirlo, come si fatica a vedere un bambino nel biancore di una distesa di neve, come si fatica a sentire nelle «dita gelate» che bussano alla porta le dita dell'amore. Ma il «segno» resta sempre e ancora quello: «Un bambino avvolto in fasce, che giace in una mangiatoia» (Lc 2, 12). Sono già le bende del sepolcro, è già il Dio che si umilía fino al nulla della morte, e così diventa cibo per noi (la mangiatoia, appunto), perché la morte è offrirsi, ed è in questo offrirsi che si genera continuamente la vita. Il «segno» è questo.

Tanti inni e testi della liturgia dei primi secoli celebrano questo abbassamento in termini che sento sempre più lontani e astratti: la potenza di Dio che si chiude nell'utero di Maria, l'infinito che diventa piccolo, l'immenso che si riduce a dimensioni minuscole. Teoremi filosofici perfetti, certo, ma mi trovo più a mio agio con il linguaggio di Aelredo di Rievaulx (1110-1167), che legge la fragilità del bambino in termini squisitamente emozionali, e scrive:

> Consideriamo, fratelli, fino a che punto Cristo si è abbassato per amor nostro. Il contrasto è straordinario: all'avvicinarsi della morte Cristo è preda della tristezza (Mt 26, 37-38), mentre Paolo si rallegra (2 Tm 4, 6-8); per la morte dell'amico Lazzaro Cristo piange (Gv 11, 35), e non piange invece la donna Maccabea per la morte orrenda dei suoi sette figli (2 Mac 7, 20); venne Giovanni che non mangiava e non beveva, e venne Cristo che mangiava e beveva, e fu chiamato mangione e beone (Mt 11, 18-19). I giudei e i pagani trovano che queste cose non hanno né senso né sapore, anzi, il pagano le chiama «stoltezza», e il giudeo «scandalo». Ma per me, Signore Gesù, ha più sapore la tua tristezza di tutta l'allegria del mondo. Sono per me più dolci le lacrime che hai sparso per la morte del tuo amico che non la fortezza dei filosofi per i quali il saggio non deve cedere a nessuna emozione. Ed ha un profumo più dolce per me il cibo e la bevanda che hai assunto insieme ai peccatori e ai pubblicani che non la rigida astinenza dei farisei. E trovo gusto proprio nel vedere come il Signore della maestà si presenta, quanto alle cose del corpo e ai sentimenti umani, non alla maniera dei forti, ma alla maniera dei deboli! Quanto grande è il conforto che ne ricavo nella mia debolezza! Certamente questa debolezza del Signore rafforza e sostiene la mia debolezza[2].

[2] AELREDO DI RIEVAULX, *Sermone III,* per il Natale, nn. 31-33. I sermoni sono pubblicati in *Aelredi Rievallensis. Opera Omnia,* II, a cura di G. Raciti, in *Corpus Christianorum. Continuatio Mediaevalis,* II/A, Brepols, Turnhout 1989.

Alle soglie della stalla quello che si intravede e che ci viene incontro, e forse sarebbe meglio dire *contro*, non è dunque l'enfasi del millennio, ma la fragilità di un bambino. E qui mi viene in mente la più strana *Natività* che abbia mai visto, dipinta da quel pittore imprevedibile e bizzarro che è Dosso Dossi (1489-1542). Al centro del quadro c'è un braciere di tizzoni ardenti, al cui calore Maria sta asciugando un panno appena lavato, Giuseppe si sta scaldando i piedi, e il bambino, nudo e intirizzito, si aggrappa alle gambe di sua madre. Ci sono delle luci e delle aureole, ma l'accento è tutto sulla normalità di una scena umile e feriale. Attenzione, però: sgonfiare l'enfasi non significa rassegnarsi alla banalità. Si tratta piuttosto di rifiutare di rimanere accecati dal pulviscolo di parole insulse per aprire gli occhi su ciò che è apparentemente minuscolo, ma che cela la vera grandezza. E questo può essere un fiocco di neve o una presentazione discreta del Natale nel quadretto di un pittore. E sembra che sia importante fare pace con la ferialità per aprire gli occhi alla «visione».

Il viaggio dei Magi e dei Pastori

Provo così a riprendere in mano un testo difficile di W.H. Auden, la sezione *Davanti alla mangiatoia* del suo *Christmas Oratorio* già utilizzato per l'Avvento. Nei Magi e nei Pastori Auden legge due atteggiamenti antitetici che hanno bisogno di essere «convertiti», una conversione che si realizza al contatto con quella icona dell'Amore che è il bambino nella mangiatoia. I due atteggiamenti sono l'impazienza dei Magi, e la pigrizia dei Pastori, l'arroganza della ragione e l'indolenza dei sensi. Separati, ragione e sensi finiscono per essere distruttivi, uniti si salvano reciprocamente.

I Magi, «guidati dalla luce di un'insolita stella, hanno scrutato in alto e in basso, hanno viaggiato a lungo, per molti giorni, piccolo gruppo lasciato solo con i suoi dubbi, i rimbrotti, la noia, l'ignoto… tra folle vuote e ronzanti silenzi, passando tra archi in rovina e negozi moderni, contando le miglia, e gli errori assurdi». I Pastori «non hanno mai lasciato il luogo dove sono nati, hanno vissuto solo un giorno, ma ogni giorno hanno percorso mille miglia anche se hanno solo calpestato l'erba tra lavoro e casa, soli anche se mai lasciati soli», perché «la solitudine che il povero conosce bene è sentire che la famiglia che abita accanto, il modo con cui la gente parla, mangia, si veste, ama e odia, non si distingue per niente dal proprio». La vita come «prigione», che però «stanotte, per la prima volta, apre le sue porte, perché una musica e una luce improvvisa hanno interrotto stanotte la routine, e spazzato via dal cuore la puzza dell'abitudine». La conclusione è paradossale: alle soglie della stalla i Magi dichiarano: «Qui e ora il nostro viaggio senza fine si ferma»; i Pastori a loro volta dicono: «Qui e ora il nostro viaggio senza fine comincia». Il discorso, però, è meno strano di quanto appaia, perché sembra suggerito dallo stesso Vangelo: mentre i Magi, raggiunta la meta, se ne tornano semplicemente a casa (Mt 2, 12), i Pastori «riferiscono ciò che del bambino era stato detto loro» (Lc 2, 17), diventano apostoli ed evangelisti, diventano missionari.

Ma resta la domanda: che cosa si ferma, e che cosa incomincia? Un viaggio, certo, ma quale? È ancora Auden a dare una risposta, intrecciando le dichiarazioni dei Magi con quelle dei Pastori, quasi a ricordare che non si tratta di personaggi distinti e separati, ma delle due anime che abitano il nostro cuore. I Magi devono fermarsi, cioè rinunciare all'arroganza della mente, e riconoscere che «l'Amore è più serio della Filosofia», che «l'Amore non è estasiata apatia», che «l'Amore non parla di tirannia somatica, perché i corpi sono case dove alloggia l'Amore», che «l'Amore non teme l'anarchia perché esprime la riconoscenza con il movimento e la spontaneità», e infine che «la singolarità non è nemica dell'Amore, perché le possibilità di realizzazione dell'Amore richiedono una alterità che possa dire *Io*». I Pastori devono partire: riconoscono che «incollati come pecore alla terra in cerca di protezione non si sono avventurati molto lontano in alcuna direzione», che «per sfuggire al pensiero e ai ricordi escono di sera e fanno tardi bevendo», che «irritati da antiche offese fuggono al mare dei sensi in letti estranei», che «avendo sfiancato i desideri in comportamenti cattivi vanno a cercar fortuna nelle carte e nei cavalli», che «sentendo sulla faccia i grandi stivali dei ricchi, vivono nella speranza che un giorno le posizioni si ribaltino». Un viaggio, il loro, che non va molto lontano, e che alla fine coincide con una immobilità stagnante.

C'è tutto, o quasi. Auden scrive per aforismi, con un linguaggio denso e preciso insieme. Non è difficile vedere nei suoi versi atteggiamenti ben noti. C'è l'evasione mentale del filosofo, che crede di salvarsi uscendo dal corpo e dalla singolarità verso la sicurezza offerta da ciò che supera le emozioni e l'individualità sempre ribelle allo schema, e c'è l'evasione di chi si attacca alla sicurezza offerta dai sensi, rifiutando l'indagine seria e la memoria salutare, illudendosi di saziare il suo bisogno in quella pseudo-ricerca che consiste nella ripetizione meccanica dell'esperienza, dove a cambiare è solo il letto, per giunta «estraneo»; c'è la caccia al futuro offerto dagli oroscopi e dalle lotterie, carte e cavalli, e c'è l'idea che cambiando semplicemente posizione nella classe sociale cambi tutto. Magi e Pastori denunciano di aver vissuto nel mare della stessa illusione, sia questa l'enfasi degli uni o la piattezza degli altri. Noi non siamo fatti né per l'una né per l'altra. Ci voleva un bambino in una stalla per dircelo.

L'incontro con il Bambino che salva

La denuncia dell'impotenza in sé sarebbe sterile: per questo il percorso dei Magi e dei Pastori è seminato di preghiere. «Redimi i nostri talenti con il tuo pianto di bambino», dicono i Magi; «Svezza, o Bambino, la nostra carne che invecchia, liberandola dai suoi comportamenti infantili» replicano i Pastori. Il «pianto», e quello che esso significa, mette in crisi ogni «talento», e sgonfia «gli alti errori dell'immaginazione». Ma tocca pure a questo Bambino, e alla proposta che farà, liberarci dall'infantilismo di una vita ridotta ai sensi. Qui la fragilità tende a rifugiarsi, ma non si deve rinunciare alla «visione», a sognare in grande pur nella consapevolezza di quanto siamo deboli. Si deve bloccare l'arroganza della ragione alle soglie del mistero («Qui il nostro viaggio *finisce*»), e si deve insieme risvegliare l'indolenza dei sensi perché non si rassegnino alla sola dimensione del ciò che appare («Qui il nostro viaggio *comincia*»). La ragione come orizzonte, senza la pretesa di essere un confine; i sensi come porte, senza l'illusione di essere il traguardo. Il «mistero» di Dio, degli altri, di noi stessi, è insieme ciò che, da una parte, arresta la ragione e, dall'altra, mette in movimento i sensi. E questo «movimento» ha un nome molto più nobile, perché altro non è che l'amore. Quale? Quello che si impara alla scuola del Bambino di Betlemme, contemplato alle soglie di una stalla.

La poesia sarà anche difficile (confesso di non aver ancora finito di capire il testo di Auden), ma quando è buona ha certo il vantaggio di liberarci dalla banalità insulsa delle formule, fossero pure quelle che hanno per oggetto i millenni. E questo è quanto Magi e Pastori hanno appreso sostando davanti alla mangiatoia di Betlemme.

Magi
Non Dentro ma Con il nostro tempo l'energia dell'Amore
dispiega l'immediato operare dell'Amore:
la scelta di amare è aperta fino a che moriremo.

Pastori
O Amore Vivente, grazie alla tua nascita possiamo
non solo, come l'asino e il bue della stalla,
amare con il nostro istinto vivo, ma amare,
sapendo che amiamo.

Tutti
O Amore Vivente che vieni a sostituire le fantasticherie,
o gioia della vita rivelata in ciò che l'Amore ha creato;
la nostra bramosia si converte in indicazione:
lo Spazio è Colui che ha bisogno dei nostri amori,
il Tempo è la nostra scelta di Come amare e Perché.

Forse qualche breve parola di commento non è inutile. I Magi accettano la temporalità, e di riflesso la corporeità, non come una gabbia da cui liberarsi appena possibile verso le astrazioni di ingannevoli assoluti, ma come l'unica reale possibilità di amare che è connaturata alla nostra condizione di creature: il compito è dispiegare nei giorni quella «energia» che è l'amore. I Pastori, d'altro canto, accettano che l'amore non coincida con il puro istinto, ma sia intriso di «conoscenza e consapevolezza». La stalla, dunque, mentre blocca la ricerca sterile del viaggio dei Magi, fa partire il movimento di scoperta sapienziale di quello dei Pastori. Si direbbe che i Magi indirizzino i Pastori verso il Verbo, e questi guidino quelli alla Carne. «Senza che ce ne rendessimo conto – hanno detto poco prima insieme – l'Amore ha usato le nostre debolezze come guardia e guida». Così «l'impazienza» dei primi è controllata dalla «pigrizia» dei secondi, e viceversa, così come la «presunzione eccezionale» dei Magi è esorcizzata dalla «paura normale» dei Pastori, e questa, a sua volta, è pungolata dal bisogno di osare. E dunque cantano ancora insieme: «Liberati grazie all'Amore dal male che ci isola, uniamo nell'Amore i nostri canti, ciascuno con il suo dono, secondo la sua natura, portando a questo bambino il corpo e la mente», il corpo per la mente, la mente per il corpo, verrebbe da dire.

Su questa strada di conversione, che mai ha termine, il desiderio trova un grande segnale indicatore, al quale guarda, o addirittura «si converte» (tutte e due le interpretazioni di *«turns to»* sono possibili): è qui che il nostro naturale muoverci verso cose e persone entra nel dinamismo che lo salva sia dall'illusione sia dalla sterilità. L'indicatore non è nominato, ma è chiaramente designato con le maiuscole. Gesù è lo spazio, Colui che esige i nostri amori: ne ha bisogno per rivelarsi al mondo, e insieme li vuole per redimerli: da Lui, infatti, possiamo imparare il Come e il Perché amare lungo il filo dei giorni che ci sono concessi (cf Gv 13, 34-35).

La povertà e le possibilità della «carne»

Su un altro versante, e con ben altro linguaggio, una poetessa inglese vivente, che abbiamo già citato, merita di essere evocata qui, anche in connessione con la poetica dell'appiglio di cui si è parlato nel capitolo sull'Avvento. Elizabeth Jennings ci fornisce, con un linguaggio decisamente più quotidiano di quello di Auden, una versione meno radicalmente contrastata del rapporto tra intelligenza e corpo, o tra spirito e carne. Oltretutto, la sua riflessione sul potere e sui rischi del tatto dà alle affermazioni perentorie di san Bernardo sulla vacuità dei nostri tentativi di aggrapparci agli altri uno spazio di misericordia e di realismo che risulta alla fine più convincente. Ed è, il suo, un tema che entra perfettamente nella logica del Natale, in cui il Verbo, facendosi carne, mette letteralmente Dio nelle nostre mani.

Il tatto

Quanto conta nel far partire, e nel far finire.
Ogni sacramento lo esige, e ogni amore,
sia esso passione o sia un giocare tra amici,

ne richiede l'uso. Il tatto ha fatto partire questo mondo.
Il tocco di Dio, e tutto l'universo
scattò nell'essere ad ogni sua mossa.

L'Eden, possente storia del nostro rovescio,
divenne buio al cogliere di un frutto
quando il tatto disobbedì. La maledizione

rovinò il tatto, e però questo in qualche modo pure portò
il Dio-Uomo fino a noi e lo mise nelle nostre mani.
Il tatto può rendere chiaro un pensiero arcano

e l'amore si abbandona quando
la forza del tatto si acquieta[3].

Per rendere più chiaro il contrasto tra spirito e corpo Auden ha dovuto ridurre a una sola dimensione le figure emblematiche dei Magi e dei Pastori. Per esaltare la solidità di Cristo san Bernardo ha spietatamente qualificato come «radice d'erba» ogni possibile appiglio che non fosse Lui. Ma noi sappiamo bene che la realtà è almeno bifronte. Il contrasto e la radicalità servono, ma quando si viene a fare i conti con la vita, emerge un bisogno di riconciliazione, di integrazione, con il corollario di proposte che siano alla nostra portata. Da questo punto di vista la poesia della Jennings costituisce una risposta illuminante. Il tatto, la «carne» verrebbe da dire, per rimanere nel più noto linguaggio biblico, riveste una originaria ambiguità. Diventa strumento dell'amore, forza di creazione, sacramento che rivela il cuore e fa entrare in contatto gli spiriti. Ha funzioni ricchissime, dunque, e però può diventare strumento di rovina, quando pretende di impadronirsi di ciò che in-

[3] E. JENNINGS, *Touch*, in ID., *In the Meantime*, Carcanet, Manchester 1996, p. 38.

vece deve accogliere nella gratitudine. Ma questa non è l'ultima parola, perché Dio raddrizza i rovesci causati dalla fragilità umana, e fa diventare strumento di salvezza proprio ciò che aveva causato la nostra rovina. Il riscatto di Pasqua comincia a Natale. Un Dio che si fa carne «rende chiaro un pensiero arcano», e chiama continuamente il «tatto» a esorcizzare la violenza per convertirsi all'amore, quello che ha, insieme, l'intensità della passione e la leggerezza del gioco, e che trova il suo culmine in un abbandonarsi nella quiete, seguendo lo stesso movimento di Dio, che si è messo nelle nostre mani.

Per quanto possa apparire sorprendente, tutte queste lezioni ci vengono da una stalla. Faremo bene a rimanere a lungo su questa soglia, anche ora che la soglia del terzo millennio è diventata un'eco indistinta e un ricordo lontano.

III

Epifania: la liturgia tra la festa e la ferialità

Gentile da Fabriano, J.S. Bach e T.S. Eliot sono le prime memorie che i Magi e l'Epifania mi riportano alla mente: arte, musica e poesia. Ma se le prime due convogliano echi di festa, l'ultima assomiglia molto a una *via crucis*. Contraddizione? Neanche tanto. L'Epifania è una festa in bilico fra il tripudio e la tragedia. La sua stessa collocazione, praticamente alla fine delle festività natalizie, e dunque sull'orlo del tempo ordinario, le conferisce un senso di sospensione che vale la pena esplorare. Ma andiamo con ordine.

Lo sfarzo del corteo: la festa delle genti

L'*Adorazione dei Magi* di Gentile da Fabriano, uno dei capolavori degli Uffizi di Firenze, è forse la rappresentazione più nota e diffusa dell'evento principale che celebriamo nell'Epifania. Vi domina lo sfarzo di un corteo regale in cui brillano vestiti dai colori sfavillanti, e soprattutto vi scintilla l'oro, dappertutto: perfino i tre doni cancellano le loro differenze, perché anche l'incenso e la mirra scompaiono nell'oro dei recipienti che li contengono. Questo modo festoso di guardare il mondo appartiene alla stagione detta del «gotico fiorito», un'arte che spira pace, ottimismo, felicità, tutte cose che traspaiono evidenti anche nella compostezza e nella grazia delle figure. Se ne veda un'altra versione, se possibile ancora più ricca, nella sfilata trionfale del corteo dei Magi che Benozzo Gozzoli ha affrescato, sempre a Firenze, in Palazzo Medici-Riccardi. Giotto nella Cappella degli Scrovegni era stato molto più sobrio, ma l'ultimo medioevo ama mostrare ori, perle, e sfavillio di grazia e di colori. Almeno fino a che Hieronymus Bosch nel *Trittico dell'Epifania* ora al Prado di Madrid non sconvolgerà lo schema situando la scena in un paesaggio di curiosi e indifferenti, e collocando la Santa Famiglia in una capanna sbrecciata e prossima a sfasciarsi. Ma non è questo il filone dominante.

La maestà del corteo e la grandiosità della scena aperta dalle prospettive di Is 60, 1-22 si ritrovano nella splendida Cantata n. 65, *Sie werden aus Saba alle kommen* (Verranno tutte le genti di Saba) di J.S. Bach. Corni, flauti e oboi da caccia annunciano sul ritmo leggero degli archi l'arrivo di un fiume di popoli, e l'effetto è enfatizzato dall'entrata a fuga delle quattro voci con tre note ascendenti, sol-do-re, quasi un assalto, una voce addosso all'altra, senza neanche attendere che il tema finisca, come ondate che si accavallano in un tumulto felice. Ancora Gentile, ancora Benozzo? Non proprio. L'atmosfera religiosa in cui si muove Bach è un'altra, e dopo aver celebrato la festa dei popoli in movimento verso Betlemme, un'aria del basso afferma brutalmente che l'oro di Ofir è un dono futile che viene dal ventre oscuro della terra: quello che Dio chiede alle folle cristiane, alle soglie del nuovo anno, è il dono del cuore. Il recitativo esplicita che questo dono si traduce nell'oro della fede, nell'incenso della preghiera e nella mirra della pazienza; la successiva aria del tenore chiede a Dio di accettare tutta la nostra persona, tutto ciò che diciamo, pensiamo e facciamo, come omaggio di chi vuole vivere al suo servizio.

Il significato dei doni

È cambiato qualcosa. Ma già qualche stagione precedente a quella del «gotico fiorito», nelle raffigurazioni più sobrie e più evidentemente simboliche del primo medioevo, non troviamo nessun corteo, nessuno sfoggio di vesti ricamate o di maestose cavalcature, ma tre uomini in cammino, orientati in modo ben visibile verso una grande stella che sta nel cielo. E i doni vogliono essere prima di tutto una confessione di fede, come esplicita bene la liturgia: «Nell'oro si mostra la potenza del re, nell'incenso il sommo sacerdote, e nella mirra la sepoltura del Signore». La luce della stella è dunque il simbolo di quella di Dio, i doni proclamano le qualifiche principali del Cristo. Verrebbe da dire che quella era una stagione più «teologicamente corretta», ma è vero? Forse che per abitare nella teologia bisogna ignorare che poi, alla fine, contiamo anche noi?

Certo, la prospettiva di Bach è ribaltata, e i doni significano non quello che Dio ci dà in Gesù, ma quello che gli restituiamo noi. Il punto è comunque capire che le due prospettive non sono separabili: una chiama l'altra, una prende senso dall'altra. La nostra fede non sarebbe così luminosa se non ci fosse apparso l'oro della potenza di Cristo Re, inclusa la strana versione che questa idea viene ad assumere sulla croce; la nostra preghiera non potrebbe neanche alzarsi come incenso se non fosse fatta nello Spirito di Gesù, noi che da soli non sappiamo neppure dire anche solo «Signore» (cf 1 Cor 12, 3); e infine, come potremmo noi accettare la nostra sepoltura nella pazienza e nella sofferenza se non fossimo sicuri che la mirra restò alla fine nelle mani delle donne perché non serviva più, dato che quella tomba si era aperta per sempre sulla vita?

Del resto, in epoche non sospette di caduta della teologia nel pietismo, si dava già dei doni una versione che spostava l'attenzione da Gesù a noi, dalle sue qualifiche ai nostri atteggiamenti di credenti. Nel primo sermone per l'Epifania Guerrico d'Igny (1087-1157), cistercense della prima generazione, legge i tre doni più o meno nello stesso modo che abbiamo trovato nella cantata di Bach: l'oro è la sapienza, l'incenso è la devozione, e la mirra è un cuore contrito[1]. Rovesciando la sequenza, e nel tentativo di incoraggiare chi si sente povero di sapienza e devozione, Guerrico ricorda che si può almeno cominciare dalla mirra. La chiama «l'offerta dei principianti», e dicendo così ne fa una tappa obbligata.

> La mirra nel tuo cuore è il dolore, nel tuo corpo è la fatica, purché ambedue abbiano un carattere penitenziale. Come la mirra, dolore e fatica sono amari, ma come la mirra funzionano pure come medicine. La mirra nel suo stesso nome fa sentire un sapore amaro, e però, senza contare altre sue proprietà, essa impedisce la corruzione. Cosa c'è di più amaro al gusto, e insieme di più salutare del dolore che, rattristando il peccatore, lo invita alla penitenza? Quanto alla mortificazione del corpo è un'amarezza esterna che tempera quella interna, come quando si guariscono i bruciori dello stomaco con una pozione di assenzio. Come per guarire uno stomaco da un sovraccarico di golosità lo si purga con una bevanda amara, così una coscienza che rimpiange amaramente una vita di mollezze può essere guarita al meglio solo con il contrario, cioè con uno stile di vita austero[2].

È sempre sorprendente leggere testi di un passato lontano, e trovare tratti di uno straordinario

[1] Cf GUERRICO D'IGNY, *Sermone per l'Epifania,* 1, 4. Questo sermone si può trovare in GUERRIC D'IGNY, *Sermons,* I, a cura di J. Morson - H. Costello, tr. di P. Deseille, *Sources Chrétiennes,* 166, Cerf, Paris 1970.

[2] *Ibid.,* 1, 3.

realismo che li fanno apparire come se fossero stati scritti ieri. Chi non troverà una risonanza, dopo la catena di feste che si chiude con l'Epifania, in quella necessità di alleviare lo stomaco dal troppo mangiare? W.H. Auden ne ha fatto addirittura un'osservazione ironica fino al sarcasmo.

> Bene, tutto è finito. Dobbiamo disfare l'albero,
> mettere le decorazioni nella loro scatola di cartone
> – alcune si sono rotte – e riportarle in soffitta.
> L'agrifoglio e il vischio devono essere tolti e bruciati,
> e bisogna preparare i bambini per la scuola.
> Ci sono tanti avanzi che bastano, riscaldati, per il resto
> della settimana:
> non è che ci resti un grande appetito,
> abbiamo bevuto molto, e siamo rimasti svegli fino a tardi,
> e abbiamo tentato, senza troppo successo,
> di amare tutti i nostri parenti, e in generale
> ci siamo grossolanamente sopravvalutati.
> Ancora una volta come gli altri anni
> abbiamo visto la Visione
> e siamo solo riusciti a farne occasione di gioco
> come fosse solo una gradevole possibilità.
> La festa di Natale è già un ricordo che svanisce…[3]

Per quanto possa apparire sgradevole parlare di mirra, cioè di morte e di penitenza, sullo sfondo dell'Epifania, non è alla fine così strano che si incontrino un monaco del XII secolo e un poeta dei nostri giorni. Ritorno qui a un motivo accennato all'inizio, che riguarda la collocazione della

[3] W.H. AUDEN, *For the Time Being: a Christmas Oratorio,* in ID., *Collected Longer Poems*, Faber and Faber, London 1968, p. 195.

festa. Il ciclo natalizio, si sa, termina ufficialmente con la festa della Presentazione del Signore al tempio, ma queste sono finezze dei liturgisti: nella testa dei più l'Epifania «tutte le feste le porta via», come ricorda la saggezza popolare del proverbio. C'è chi tirerà un sospiro di sollievo. Confesso spudoratamente di essere tra questi: di feste si può anche morire. Ma il punto è un altro, e oggi è particolarmente urgente.

È stato osservato più volte che noi viviamo in un tempo diviso: quello della festa e quello del lavoro, con un corollario per niente secondario, che il tempo «vero» è quello della festa, come a dire che si subisce il lavoro in attesa di far festa, perché è nella festa che si vive; l'altro è un tempo morto, forse anche un tempo di morte. È un peccato, sarebbe davvero un fallimento se le feste cristiane funzionassero allo stesso modo, addormentandoci per un po' in attesa di rientrare nell'insignificanza dei giorni. La tentazione è più presente di quanto si creda. La si trova anche quando, alla fine di un ritiro riuscito bene, dove si è sperimentata la ricchezza di una parola ben servita e ben assimilata, la gioia di una liturgia festosa e piena di canti, e dentro tutto questo il fervore di una comunità ben amalgamata, si percepisce in modo acuto l'ansia del ritorno a condizioni normalmente più povere, alla sensazione dolorosa del «tutto è finito, dobbiamo disfare l'albero». L'oro ci va benissimo, un po' di incenso anche, ma la mirra no.

Torniamo a Guerrico di Igny, che dedica sì gran parte del suo *Sermone* a lodare l'amarezza della mirra che guarisce cuore e corpo, ma non dimentica di annunciare il seguito.

> È un progresso non piccolo quello che ci fa passare dalla mirra all'incenso, e ci fa giungere, mediante la mirra che serve alla fragilità umana, all'incenso che è una sostanza riservata ai sacrifici dei giorni di festa in onore della divinità. Non è più il sacrificio di un cuore contrito o di un corpo umiliato quello che si offre ora, ma un sacrificio di lode con l'incenso della devozione[4].

La «devozione» è termine un po' fuori uso, e dal significato perfino scadente, ma il suo senso originario è grande: significa lo slancio della generosità, l'anima che si dilata nel dono di sé, quel darsi che è ben significato nell'incenso in cui la materia messa al fuoco si volatilizza fino a confondersi con l'aria lasciando soltanto una scia di profumo. «Il santo è colui che si dimentica di sé per non pensare che a Dio» diceva santa Elisabetta della Trinità, e i maestri spirituali sono ritornati spesso su questa immagine «liturgica» della vita, sulla scorta del resto di san Paolo che aveva scritto: «Offrite i vostri corpi come sacrificio vivente, santo e gradito a Dio; è questo il vostro culto spirituale» (Rm 12, 1).

Resta l'oro della sapienza, l'offerta dei perfetti, e Guerrico non se ne è dimenticato, ma aggiunge

[4] GUERRICO D'IGNY, *Sermone per l'Epifania,* 1, 5.

con suprema discrezione: «Ve ne parli chi ci è arrivato. Quanto a me penso di non esserci ancora, ma la cerco intensamente per averne almeno una parte»[5]. E dopo aver detto che il saggio è «colui che sa guidare gli altri e sa guidare se stesso» conclude:

> Alla fine il saggio, anche se, ricco come è di tutte le virtù, può offrire l'oro di una contemplazione sublime e di una prudente amministrazione, non dimentica tuttavia di offrire l'incenso della sua devozione nel servire Dio, e la mirra della mortificazione di sé[6].

Il senso più rilevante di questo passo è il collegamento fra i tre doni e gli atteggiamenti che essi traducono, e insieme l'affermazione che non si tratta di una sequenza dove ogni tappa cancella la precedente. Certo, si va dalla mirra all'incenso, dalla penitenza (del cuore e del corpo) al fervore della devozione. È importante anzitutto cogliere la naturale correlazione tra le due cose. Si deve però anche ricordare che questo moto non è semplicemente in avanti, ma è circolare. Una penitenza che non maturasse in devozione sarebbe lugubre; una devozione che non si nutrisse di penitenza sarebbe volatile e illusoria. È qui che si deve cogliere l'intreccio tra la festa e la ferialità: non c'è solo l'una o l'altra, né le due cose si devono vivere come se fossero separate, contrarie, inconciliabili. Si deve transitare dall'una all'altra perché l'una nu-

[5] *Ibid.*, 1, 7.
[6] *Ibid.*, 1, 9.

tre l'altra. Per questo dicevo all'inizio di questa riflessione che l'Epifania è una festa cruciale proprio perché si trova sull'orlo della ferialità, proprio perché dovrebbe introdurci al tempo ordinario.

Nel cuore del quotidiano

Questo equivale anche a dire che si ha da trovare la ferialità nella festa, e la festa nella ferialità. E da questo punto di vista l'Epifania non fa sconti.

Ci pensa subito l'antico inno della liturgia, *Hostis Herodes impie,* che non parte sulle note del trionfo di Gentile e Benozzo, o di Bach, ma attacca così:

> Empio nemico, Erode,
> perché temi il Cristo che viene?
> Non ruba ciò che muore
> chi dà i celesti regni!

Il testo ci butta subito davanti l'effetto non precisamente esaltante e festoso della venuta di Gesù, e già sullo sfondo non si può evitare di leggere il massacro degli innocenti. Una nota tristissima nella festa, dunque. Come del resto si può già avvertire abbondantemente nella liturgia del Natale, solo che la si legga senza le troppe incrostazioni culturali che ne condizionano pesantemente la comprensione.

Ma la dinamica dell'inno non si arresta qui, e se nella prima strofa si mette davanti al paradosso difficile da digerire che la venuta di un salvatore fa paura, e che sul signore della vita aleggia da subito l'ombra della morte, già nella seconda strofa si annuncia proprio quel tema dell'incrocio tra festa e ferialità e sul costante passaggio dall'una all'altra di cui si diceva: «seguendo la luce di una stella» i Magi cercano, e trovano, «la luce di Dio». Il passaggio risulta ancora più spettacolare nella sinteticità del latino che lascia il tutto implicito usando la stessa parola per dire due cose diverse: *lumen requirunt lumine*. È vero: nella festa noi celebriamo la luce vera, la luce eterna, la luce che sconfigge definitivamente la notte, ma il frutto di questa celebrazione dovrebbe essere non solo quello di farci vedere con maggiore chiarezza dove sta il buio, ma soprattutto quello di renderci più attenti nella ricerca di tutte quelle luci seminate tra la settimana, che della luce eterna sono un riverbero o, per meglio dire, una epifania, e che apparendo sul nostro cammino accidentato ci guidano proprio verso quella medesima luce mantenendo viva in noi la speranza di raggiungerla.

E di epifanie l'inno ne ricorda altre due: quella del battesimo di Gesù, e il segno del vino alle nozze di Cana. Feste? Mica tanto. Il Gesù che scende, nudo, a seppellirsi nelle acque del Giordano, come tanta letteratura ci ha detto, e come una lunga tradizione iconografica ha illustrato, è in effetti il Gesù che scende nella tomba per sperimentare il sapore della morte. E se l'inno lo chiama «agnello celeste» è perché intravede nell'uomo che viene da Nazaret l'agnello glorioso che siede sul trono, come si legge nell'Apocalisse, ma che non è per questo meno agnello, cioè la vittima del sacrificio: egli, infatti, è degno di aprire i sigilli del libro e svelare i misteri di Dio «perché è stato immolato» (Ap 5, 9). Quanto a Cana, poi, si è mai riflettuto che si tratta di un miracolo che avviene come in sordina, di un «segno» che è, per così dire, nascosto, e che nel dono del vino Gesù anticipa il dono del suo sangue sulla croce, che è il suo «ultimo segno»? Non c'è scampo: siamo nella stessa logica di quel segno natalizio che è il bambino avvolto in fasce, che giace in una mangiatoia.

Il viaggio dei Magi secondo Eliot

A questo punto acquista rilievo la citazione di un celebre testo di T.S. Eliot, che ci offre una versione molto severa, e si direbbe in controtendenza rispetto a Gentile e Benozzo, del viaggio dei Magi. A partire dai celeberrimi primi versi:

> «È stato duro per noi andare, faceva freddo,
> proprio il tempo peggiore dell'anno
> per un viaggio, e un viaggio così lungo:
> le strade fangose e la stagione rigida,
> nella parte più fredda dell'inverno».
> E i cammelli piagati, coi piedi sanguinanti, indocili,
> sdraiati nella neve molle che si scioglieva.
> Vi furono momenti in cui rimpiangemmo
> i palazzi d'estate sui pendii, le terrazze,
> e le ragazze di seta che servivano sorbetti…

Per il vero i primi cinque versi risalgono a molto prima: sono tratti da un sermone del vescovo anglicano Lancelot Andrewes (1555-1626)[7]. Eliot ne fa il punto di partenza per un monologo che indugia a lungo sul cammino, soprattutto sulle difficoltà del percorso, sulla nostalgia di ciò che ci si è lasciato alle spalle, con la sensazione ricorrente di aver fatto «una follia»: non si fatica a vedere in questo cammino qualcosa che assomiglia molto all'esodo. E nella scena del villaggio dove i Magi arrivano alla fine sono disseminati dei segni allarmanti: tre alberi elevati contro il cielo, giocatori di dadi, monete d'argento, allusioni neanche troppo criptiche alla passione, la quale diventa esplicita, anzi costituisce il cuore stesso del discorso, nella fine del monologo, da dove si capisce che a parlare è uno dei Magi che ricorda l'esperienza:

Tutto questo fu molto tempo fa, ricordo.
E lo farei un'altra volta, ma considerate
questo considerate
questo: abbiamo fatto tutta quella strada per
una Nascita o per una Morte? Ci fu una Nascita, certo,
ne avemmo la prova, senza alcun dubbio.
Ho visto nascita e morte,
ma avevo pensato che fossero differenti: questa Nascita
è stata una dura e amara agonia per noi, come una

[7] Lancelot Andrewes, vescovo successivamente di Chichester, Ely e Winchester, è considerato con Richard Hooker il fondatore della teologia anglicana, ed è ricordato per la santità della sua vita e come uno dei predicatori più brillanti dell'epoca d'oro del sermone inglese. Fu tra i principali collaboratori nella traduzione della Bibbia nota come *Authorized Version* o *King James Bible* (1611), tuttora un classico della letteratura inglese. Le citazioni sono tratte da LANCELOT ANDREWES, *Sermons*, a cura di G.M. Story, Clarendon Press, Oxford 1967.

Morte, la nostra morte.
Siamo tornati ai nostri luoghi, in questi Regni,
ma non siamo più a nostro agio qui, nell'antica legge,
in mezzo a un popolo straniero incollato ai suoi dei.
Io sarei lieto di un'altra morte[8].

Il discorso non è facile, ed Eliot lo sottolinea ripetendo quasi con ansia l'invito a riflettere, riprendendo ma dislocando le stesse parole, quasi a fermarsi su ciascuna: «considerate / questo considerate / questo». La cosa da considerare è la morte in una nascita e la nascita in una morte. Sarà anche una cosa severa, ma è pure una cosa gioiosa, perché i Magi si sentono morti a «questi Regni» e hanno solo il desiderio di quell'altro Regno che è l'unico che meriti questo nome. Qui siamo in effetti «nel frattempo», nell'intersezione del regno di Dio con i regni di questo mondo, dove due logiche si fanno guerra, e per uscirne è necessario morire a una per assumere l'altra. Qui siamo nel cuore del vangelo, nella regola secondo cui chi vuole salvare la sua vita la deve perdere. Dio si abbassa fino alla fragilità di un bambino, fino alla miseria del peccatore, e va a lavarsi nelle acque del Giordano, come ricorda ancora l'inno antico, e in quelle acque lava quei peccati che sono nostri.

Il viaggio dei Magi è dunque, per Eliot, un cammino di conversione. Auden, nel suo *A Christmas Oratorio* già citato ha provato a esplorare che cosa

[8] T.S. Eliot, *The Journey of the Magi*, in *Collected Poems*, Faber and Faber, London 1963, pp. 109-110.

questo volesse dire, e l'ha fatto ponendo in contrappunto la conversione dei Magi con quella dei Pastori, come si è illustrato nel capitolo precedente.

Volendo tirare le fila, e riprendere le tappe significative di questo cammino, ci viene in soccorso il linguaggio secco e conciso di Lancelot Andrewes, che lavora nel solco delle *distinctiones* care all'omiletica medievale, trasformando i cinque verbi con cui i Magi rispondono alla visione della stella in cinque tappe di una strada che porta a Gesù. Sempre nel sermone che Eliot ha utilizzato per l'inizio del suo *Viaggio dei Magi,* Andrewes scrive:

> Abbiamo ora una stella sulla terra al posto di quella che era apparsa in cielo: e queste due ci guidano a una terza. La prima stella è apparsa nel firmamento, prima a loro, e attraverso loro a noi. La seconda stella è apparsa poi qui su questa terra, ed è la stella del mattino che splende nei nostri cuori, di cui parla san Pietro (cf 2 Pt 1, 19). Anche questa è apparsa in loro, e dunque anche in noi. È apparsa con cinque raggi: 1) nei loro occhi *(Abbiamo visto);* 2) nei loro piedi *(Siamo venuti);* 3) nelle loro labbra *(Dicendo: dov'è?);* 4) nelle loro ginocchia *(Si prostrarono);* 5) nelle loro mani *(Offrirono)*. La terza stella è Cristo stesso. La prima stella ha manifestato Cristo a loro; la seconda ha manifestato loro a Cristo; la terza è Cristo in persona, in cui le prime due si congiungono[9].

Si noti la splendida circolarità che il discorso di Andrewes stabilisce tra una luce e l'altra, tra noi

[9] LANCELOT ANDREWES, *Sermone 15 per la Natività*, in ID., *Sermons*, cit. pp. 101-102.

e il Cristo, tra il ricevere e il dare, tra passato, presente e futuro. E si osservi pure il carattere non intellettualistico, ma densamente pragmatico di questa luce, tutta fatta di sensi che entrano in azione, tutta pronta a tradursi in energia dinamica lungo un tragitto che va dalla percezione-intuizione al dono di sé, dagli occhi alle mani. Programma perfetto, a cui non c'è proprio niente da aggiungere. Se non, forse, la bellissima conclusione del medesimo sermone:

> Noi non possiamo dire: *Abbiamo visto la stella*. La *stella* è scomparsa da molto tempo, e ora non la si può più vedere. E tuttavia, nonostante ciò, lo spero, noi *siamo venuti qui ad adorare*. Sarà cosa più gradita se, non avendo visto, noi adoriamo. È sufficiente aver letto della stella nella Scrittura: noi la vediamo, lì. E per davvero, come ho detto. Non giova a niente la *stella* che sorge nel *firmamento,* se la stessa *stella del mattino* non sorge nei nostri *cuori,* la stessa che c'era nei loro, e se non se ne vedono i cinque *raggi,* tutti e cinque. Perché allora anche noi avremo parte alla stella, non meno di loro, anzi, con la stessa pienezza che ebbero loro. Ed essa ci porterà là dove ha portato loro, a *Cristo*. Ed egli, nella sua seconda manifestazione nella *gloria,* chiamerà questi Magi, e tutti quelli che hanno seguito i passi della loro *fede;* e questo proprio in ragione di quanto è specificato nel *Testo*: *Perché io ho visto la* loro *stella* splendere e rivelarsi nei medesimi *raggi*. E così, come essi *sono venuti ad onorare* me, così io vengo ad *onorare* loro. Ci sarà allora un *Venite* che risponde a un *Siamo venuti* ora. *La loro stella ho visto,* e io darò loro un posto in cielo, tra le *stelle*. Essi *si sono prostrati,* e io *li rialzerò* e li esalterò. E come essi

hanno offerto doni a me, così io sono venuto a *darli* a loro, e a *ricompensarli* con la gioia e la beatitudine infinita del mio *Regno celeste*[10].

Ancora una volta troviamo una visione affascinante della fede come incontro di esperienze: quella dei Magi che diventa nostra e, attraverso questo incontro, la nostra esperienza che viene a intrecciarsi con quella di Cristo, una sintonia splendidamente tradotta in numerose riflessioni: la stella, attraverso la quale noi vediamo Cristo e Cristo vede noi; il «venite» di Cristo che risponde al nostro «siamo venuti»; l'onore dato a lui che ora ci onora; i doni che ora offriamo e che ci verranno ridonati. L'unica cosa che cambia in questa serie di parallelismi è che a una prostrazione risponde un innalzamento, ma questo è alla fine un altro parallelo con la vicenda di Gesù, che per essersi umiliato fu innalzato al di sopra dei cieli (cf Fil 2, 1-11).

L'Epifania, si è detto, è collocata al punto in cui la festa passa nell'ordinario della ferialità, e dice insieme che questo è un cammino faticoso al termine del quale però c'è l'incontro con Gesù. Temo che oggi l'immagine del cammino sia diventata una metafora morta, di cui si intuisce il senso, ma della quale non si ha quasi più l'esperienza. Il già citato R.S. Thomas, attento interprete del nostro tempo, ci offre una rilettura del viaggio dei Magi che dovrebbe far pensare:

[10] *Ibid.*, pp. 117-118.

Il primo re era a cavallo
il secondo sul sellino di una moto
il terzo arrivò in aereo.

Dov'era il dio-bambino?
Era nella mangiatoia
con gli animali, e tutti guardavano

dall'altra parte dove il quarto
era un lento albeggiare perché
la saggezza deve arrivare a piedi[11].

Si parla qui, sorprendentemente, di un quarto re, quello che è fuori dal quadro e che non si vede nel tradizionale corteo dei Magi. È il quarto, e può essere ciascuno di noi. Questo re è la più bella figura della fede: non poggia su niente, arriva con le sue gambe. A muoversi non sono né il cavallo, né la moto, né l'aereo: è lui, che stronca ogni forma di progressiva accelerazione, è lui che avanza con un crescendo lento e impercettibile, come l'alba, lui che viene dalla notte e va verso il giorno, alla ricerca del «dio-bambino», che sta «con gli animali». I magi sono chiamati in inglese anche i tre «sapienti» *(wise men)*, e il quarto ci ricorda che lui raggiunge il traguardo, perché la saggezza *(wisdom)* va a piedi! Il bambino e gli animali guardano a lui, perché è lui quello che ha indovinato la strada e il modo per arrivarci.

[11] R.S. THOMAS, *Counterpoint*, Bloodaxe Books, Newcastle upon Tyne 1990, p. 31.

IV

La luce di metà inverno: la Presentazione al tempio

In Oriente, dove la festa è nata, la chiamavano *Hypapánte* (Incontro), e tale nome conservò a lungo anche in Occidente, dove poi divenne nota come la Purificazione di Maria; per la gente era la Candelora; oggi si chiama Presentazione di Gesù al tempio. Bach vi ha dedicato tre cantate, che mettono tutte a tema l'attesa della morte, nello spirito del *Nunc dimittis*. È una solennità fissata al 2 febbraio, a quaranta giorni dal Natale (in Oriente era al 14, perché i giorni si contavano dall'Epifania), ma viene qualificata come appartenente al ciclo natalizio, ultima delle «manifestazioni» del Signore che caratterizzano questo tempo, anche se la Quaresima non è lontana. Ce n'è abbastanza per dire la complessità di questa festa, e per ricordare, se ce ne fosse bisogno, che le solennità liturgiche in un certo senso non hanno data, perché ripropongono i misteri della fede e gli atteggiamenti che ne conseguono. Questi non sono per sé legati al calendario: si può meditare sulla Presentazione al tempio anche nel mese di agosto, ed è paradossalmente vero che, come in molte altre cose, anche nel caso della fede spesso è proprio la distanza che permette di mettere meglio a fuoco l'oggetto della riflessione.

Se ho parlato di complessità della festa non è perché abbia l'intenzione di sciogliere tale intrico, ma è solo per ricordare che diversi periodi storici, diverse persone, noi stessi in diversi momenti e stati d'animo, percepiamo il senso e il valore delle ricorrenze liturgiche in modo differente. La storia non fa che dilatare nel tempo quello che può accadere nel cuore di una stessa persona anche nel breve volgere di un giorno. La vicenda e lo sviluppo di questa festa è un esempio a proposito.

Ne parla Egeria alla fine del IV secolo: dice che la Presentazione al tempio era celebrata a Gerusalemme 40 giorni dopo l'Epifania «con grande solennità, con la presenza di numerosi fedeli, e con una gioia che era uguale a quella della Pasqua». Nel secolo successivo appare l'uso di celebrare la festa con dei lumi, cosa abbastanza naturale se si pensa che il tema del giorno era la frase di Simeone che proclama Gesù «luce per illuminare le genti». La festa arriva a Roma alla fine del 600, ed è collocata al 2 febbraio, in relazione al Natale. Qui però assume uno spiccato tono penitenziale: il papa e i diaconi vestono paramenti neri, la gente muove in processione a piedi scalzi, portando ceri accesi[1]. Gioia o dolore? L'ambiguità di fondo è in-

[1] Cf M. Righetti, *Manuale di storia liturgica (II). L'anno ecclesiastico,* p. 118, Milano 1998 (edizione anastatica).

vero nella festa medesima: l'incontro di Simeone con Gesù, se esalta la luce del Messia, annuncia anche la tragica fine del Profeta, che «è per la rovina e la risurrezione di molti in Israele, segno di contraddizione [...] e anche a te una spada trafiggerà l'anima» (Lc 2, 34-35). Le parole sono rivolte a Maria, ma non è necessario pensare all'Addolorata, afflitta dagli altri, che non capiscono niente e che la fanno soffrire, mentre lei, invece, avrebbe capito tutto. Più realistico pensare che Gesù debba essere stato un segno di contraddizione anche per lei, e forse lei per prima.

Ripercorrendo l'ufficiatura della festa sarà il caso di badare alle antifone, che ne formano le tracce del percorso meditativo. Ne approfitto per dire che temo ci sia una istintiva trascuratezza per le antifone: vengono annunciate all'inizio del salmo, ripetute alla fine, ma sembrano un elemento della preghiera abbastanza gratuito e trascurabile. Era molto diverso quando sia nell'ufficiatura, sia ancor più nella forma di introito, offertorio e *communio* alla messa, le antifone erano cantate in gregoriano, almeno nelle cattedrali e nei seminari: capitava che musica e parole si fissassero nella memoria emotiva come una cellula ricorrente che bastava da sola a evocare tutta una stagione liturgica. Si pensi, per fare qualche esempio, a brani come il *Rorate caeli* per l'Avvento, il *Pueri Hebraeorum* per le Palme, l'introito *Factus est repente* di Pentecoste, e il ritornello *Lu-*

men ad revelationem gentium che nella festa della Purificazione ritmava il passo della processione con cui ci si muoveva nella chiesa portando tra le navate la luce festosa dei ceri accesi. Forse non è possibile riesumare quel passato, ma è un peccato che la velocità con cui oggi tutto si consuma (anche i canti liturgici, ahimè) renda molto difficile legare alla musica la memoria della fede e delle sue feste. A difetto di soluzioni a portata di mano, credo sia saggio tenere almeno presente il problema.

Adorna la tua stanza per accogliere il re

Si può dunque partire dall'antifona che è forse la più tipica per questa festa. È un invito fervido:

> Adorna, o Sion, la tua camera nuziale,
> e accogli il re Cristo,
> che una vergine concepì,
> una vergine partorì,
> la stessa vergine che
> dopo il parto
> adorò colui che aveva generato.

Trattandosi di un incontro bisogna preparare l'ambiente per l'accoglienza. L'*Hypapánte*, l'incontro tra il Signore e il suo popolo è la celebrazione di uno sposalizio tra il cielo e la terra, tra la nostra miseria e la magnificenza divina, tra la nostra carne di peccato e la carne innocente del Salvatore che ci riscatta. Nella traduzione odierna della Liturgia delle Ore il «re» è scomparso, lasciando il posto al «Signore». Il termine oggi può anche dar fastidio, ma che senso ha eliminare la qualifica di «re» dal nome di Gesù? Il punto non è cancellare la parola (si dovrebbero per questo cancellare troppe ricorrenze nella Bibbia e nella liturgia!), ma declinarla con le immagini che ne spiegano il contenuto tutto rivoluzionario: questo «re» è un bambino in una stalla e un condannato appeso a una croce.

Vi è nel linguaggio dell'antifona qualcos'altro che oggi potrebbe disturbare: una neanche tanto implicita percezione negativa della sessualità, visto che più che la maternità di Maria a essere esaltata è la sua verginità. Ricordo che negli anni del seminario ci facevano recitare una novena in preparazione della festa della Purificazione dove in una preghiera si celebrava l'umiltà di Maria, che l'aveva «portata al tempio tra le donne macchiate e immonde quasi foste una di loro, sibbene la più santa tra tutte le creature». Orrendo. Mi chiedo perché mai a volte la memoria conservi fin nei minimi dettagli le cose più sgradevoli. In effetti non avevo mai capito, neanche da bambino, perché una donna che aveva partorito avesse bisogno di «purificarsi»: da cosa?

Prendiamo allora il lato bello dell'antifona, quell'invito a decorare la stanza per accoglierv il re Cristo. Ci si può accompagnare con un tenerissimo corale di Bach, *Schmücke dich, o liebe Seele*

(Adornati, o cara anima), uno dei diciotto corali di Lipsia[2], che si pone come commento in musica delle parole di un inno in cui ritroviamo il lessico e i temi dell'antifona già citata:

Adorna, Sion, il talamo
tu che aspetti il tuo Signore
accogli sposo e sposa
vegliando con la luce della fede.

Troviamo qui il riepilogo dell'Avvento come attesa vigilante, del Natale come nozze tra Dio e l'umanità, e della luce che sembra raggiungere il suo acme proprio nella festa della Presentazione al tempio, come aveva ben percepito la tradizione popolare che chiamava questa festa la «Candelora». Bach traduce la decorazione in musica con l'insistente riapparire del trillo, ma l'elemento dominante adottato è la dolcezza serena che viene espressa trasformando in cellula ricorrente le prime tre note discendenti del tema del corale: c'è come l'effetto dell'acqua calma di un ruscello che scorre quieta, appena trapassata da leggere increspature. Sembra che Bach abbia voluto esprimere qui quella pace vespertina che è uno dei temi centrali del cantico di Simeone.

[2] Il corale *Schmücke dich, o liebe Seele* (BWV 654), è reperibile nelle tante incisioni disponibili della musica per organo di Bach.

Come decorare il cuore

La musica che traduce e accompagna un'immagine serve ad assorbire, impregnandosene fino a riviverlo, un sentimento di fondo, quello della gioia quieta e fervida insieme di chi si prepara ad accogliere un ospite gradito e atteso. Ma si può anche entrare in dettagli più impegnativi, e in questo ci aiutano le deliziose interpretazioni allegoriche che tanto affascinavano i medievali. I cistercensi della prima generazione dovevano amare molto questa festa: san Bernardo l'ha illustrata con tre sermoni, Aelredo di Rievaulx con quattro, e Guerrico di Igny ne ha composti ben cinque. Commentando questa antifona, Aelredo ha elaborato addirittura la metafora non di una stanza, ma di un'intera casa, con portico, ingresso, vestibolo, sala e camera da letto. E ha interpretato il tutto in chiave allegorica, come una progressiva interiorizzazione del desiderio: il portico è la memoria, dove si affollano tutti i sentimenti, buoni e cattivi; l'ingresso, o atrio interno, è il piacere che deriva dai singoli sentimenti e che stabilisce già un criterio di selezione: passa solo ciò che piace; il vestibolo è la volontà che discerne e decide quale desiderio seguire e quale no; la sala è il consenso con il quale l'uomo si nutre dei suoi desideri come a un banchetto; il talamo infine è l'affetto come sensazione gioiosa e appagante, e che è spiegato così:

> Quando l'uomo fa qualcosa non solo perché vi acconsente, ma con affetto e amore e con un senso di dolcez-

za interiore, allora egli si trova nel talamo, come in una sorta di abbraccio spirituale. E beato colui che esclude e respinge tutte le immagini di vanità e di voluttà che vengono alla memoria, e qui accoglie invece il nostro Signore Gesù Cristo, e lo fa entrare dalla porta nell'ingresso interno, cioè pensa volentieri a lui e in lui si compiace, poi lo fa passare nel vestibolo, perché qui possa decidere e valutare come possa piacergli, con quali azioni, quali parole, quali pensieri, per introdurlo quindi nella sala, cioè acconsentire a fare quelle cose, a dire quelle parole, a meditare su quei pensieri che sono graditi ai suoi occhi. Se fa tutto questo volentieri, anche se all'inizio non senza una certa difficoltà e fatica, egli fa sì entrare lo sposo, cioè il Signore Gesù, nella sala, ma non lo introduce ancora nel talamo. All'anima che è giunta sin qui parla lo Spirito: «Adorna il tuo talamo, o Sion, e accogli il re Cristo». Come se dicesse: «Hai il Signore Gesù nella tua casa, dove senti come è buono, come è mite e umile di cuore. Hai faticato nell'imitare la sua umiltà, ora adorna il tuo talamo per poter riposare tra le sue braccia, e vedere quanto è dolce, e sperimentare quanto è soave, e sentire che il suo Spirito è più dolce del miele. Adorna il tuo talamo, o Sion»[3].

Rimanendo nella metafora Aelredo continua spiegando che «adornare il talamo» significa «rettificare» l'affetto. Questo si dirige naturalmente a ciò che piace, o che ci è utile, o che affascina per la sua bellezza. Il senso di piacere trova quel decoro che lo fa diventare «retto» nella considerazione della carità di Dio. «È un gran piacere, fratelli – scrive Aelredo – vedere il nostro Signore in grembo

[3] AELREDO DI RIEVAULX, *Sermone XXXII*, per la Purificazione, nn. 19-20.

a sua madre, vederlo in una mangiatoia, vederlo oggi tra le braccia del santo Simeone. È un grande piacere immaginare con il cuore le sue parole, i suoi miracoli, i suoi abbracci, i suoi baci». Il piacere più fine è dunque quello che nasce dalla considerazione di essere amati fino a questi livelli di condiscendenza. L'affetto che portiamo verso ciò che è utile va «ornato» con la considerazione delle promesse divine: «Cosa vi è di più vantaggioso per noi della gloria, della felicità, delle ricchezze e degli onori che Dio ci ha promesso?». Questo ci preserva dal perderci dietro cose immediatamente o superficialmente utili, ma che alla fine potrebbero rivelarsi addirittura dannose. Infine, il fascino di ciò che è bello trova il suo «decoro» nel fissare la mente e il cuore nella considerazione di colui che ci ha creato plasmandoci dalla terra, perché «cosa può esservi di più degno che la creatura ami il suo Creatore, l'opera il suo Artefice, il servo il suo Signore, e l'uomo il suo Dio?». Dalle bellezze terrene, dunque, alla fonte e alla realizzazione perfetta di ogni bellezza. Di qui la conclusione:

> Se il nostro affetto viene diretto con piacere al nostro Redentore, con fervore al nostro Rimuneratore, e con umiltà al nostro Creatore e Signore, allora il nostro talamo è adorno. La prima considerazione esclude dal nostro affetto la voluttà, la seconda la cupidigia, la terza la vanità. Così dunque adorna il tuo talamo, o Sion, e accogli con tutto l'affetto, con tutto l'amore, con tutta la dolcezza e la soavità, il re Cristo. Al re appartiene il potere, al Cristo l'unzione. Il potere lo rende temibile, l'unzione lo ren-

de amabile. È necessario, o fratelli, che queste due cose non siano separate, ma che ci sia sempre nell'animo nostro la considerazione del suo potere e della sua dolcezza. Il primo riguarda il timore, la seconda l'amore. Perciò accogli il re per temerlo, e accogli il Cristo per amarlo[4].

Purificare i desideri

Appare chiaro che l'opera con cui adorniamo il talamo nuziale, cioè l'intimo della nostra anima, coincide con la purificazione dalle tre concupiscenze (cf 1 Gv 2, 16), perché la ricerca del piacere sia aliena dall'ingordigia, la ricerca dell'utile sia libera dalla cupidigia e l'ammirazione per la bellezza sia qualcosa che rende il cuore grande, e non lo rattrappisce nella futilità e nella vanagloria. Mi piace pensare che la «verginità», di cui si diceva, possa essere intesa non tanto in senso fisico e biologico, ma piuttosto in questo rifiuto dell'egocentrismo per un'apertura alla disponibilità. In un bel libro, *Il fuoco sotto la cenere,* la benedettina americana Joan Chittister non esita a scrivere che, riguardo alla vita religiosa, oggi anche solo il dire parole come *povertà, castità* e *obbedienza,* con tutto il peso della letteratura canonica che le ha per così dire imbalsamate, «porta con sé una zaffata di naftalina e un lungo, lento sbadiglio»[5]. E continua: «Ciò che il mondo necessita adesso, rispetta ades-

[4] *Ibid.*, nn. 25-26.

[5] J. CHITTISTER, *Il fuoco sotto la cenere,* San Paolo, Cinisello Balsamo 1998, p. 115.

so, chiede adesso, capisce adesso, non è povertà, castità e obbedienza. È giustizia generosa, amore temerario e ascolto senza limiti»[6]. E ancora: «Questo non è tempo per parlare di una povertà che usa simboli ma mette al sicuro, di una castità che isola e di un'obbedienza che si adegua»[7]. Ci sentiamo certo molto più a casa nostra in simile linguaggio, ma Aelredo di Rievaulx non diceva cose diverse quando leggeva la «decorazione del talamo» in termini di liberazione dalle cupidigie, fino a raggiungere quel senso di leggerezza interiore che sembra eliminare la fatica e che è il riflesso emotivo della vera libertà che si dona senza riserve.

In effetti non sarebbe saggio separare le due caratteristiche della venuta di Dio tra noi: quella presentata da Malachia (3, 1-4) e quella vissuta da Simeone e Anna (Lc 2, 25-38). Nella prima Dio viene «come il fuoco del fonditore e come la lisciva dei lavandai [...] a purificare i figli di Levi». Si ascolti il coro vertiginoso che Handel fa su queste parole nel suo Messia *(And he shall purify)*, dove il vortice delle note che si arricciano in spirali velocissime sembra suggerire la donna che sfrega la pentola con la paglietta, o strofina con forza e a più riprese i panni del bucato (quando non c'erano le lavatrici, ovviamente!). Nell'incontro con i due vecchi del tempio canta invece la gioia di una speranza realizzata

[6] *Ibid.*, p. 116.
[7] *Ibid.*, p. 176.

che fiorisce nella benedizione e nella lode. Aelredo ha fatto bene a ricordare che una vita spirituale che abbia nervi e ossa non può camminare se non su questi due binari appaiati: il timore e l'amore.

Nunc dimittis

Resterebbe da fare qualche riflessione sulla figura di Simeone, e sul suo *Nunc dimittis*. In tutte e tre le cantate che Bach ha dedicato a questa festa, egli ha concentrato la sua attenzione su questo personaggio e ne ha fatto una figura di accettazione serena della morte. Ottima pedagogia: invece di arrabattarsi pateticamente a cancellare questa essenziale dimensione della vita, è bene educarsi a guardare lucidamente alla fine, e alle numerose esperienze che ogni giorno ci mettono di fronte al limite, un elemento del vivere che la fede ci aiuta a vedere in modo meno disperato e più sereno. Nella lettera pastorale sul *Ritorno al Padre di tutti*, il cardinale Martini parte proprio dall'esperienza della morte per avviare il discorso del bisogno, della nostalgia e della riscoperta di Dio come Padre-Madre, e questa è una maniera intelligente e onesta di affrontare le cose.

La Cantata n. 82, *Ich habe genug* (Ho avuto abbastanza), che suggerisco di ascoltare nell'interpretazione di René Jacobs[8], inizia con un'aria dove

[8] Disco HMF 901273.

la dolcezza della musica è mirabilmente tradotta dalla soavità dell'oboe a sostenere queste parole: «Ho avuto abbastanza: ho preso il mio salvatore, speranza dei credenti, tra le mia braccia avide; l'ho visto, la mia fede ha stretto Gesù al mio cuore. Ora desidero, anche oggi stesso, andarmene nella gioia da questa vita: sono al colmo!». Il movimento della musica sembra portare gradualmente da un «abbastanza», declinabile in un semplice «sono contento», al senso di pienezza e di appagamento di chi ha realizzato tutte le sue attese. Notevole anche l'intensità emotiva del testo, che integra l'evangelico «i miei occhi hanno visto» con l'abbraccio stretto di un cuore ardente e appassionato. Così dovremmo arrivare alla nostra morte, anche se per arrivarci bisogna avere occhi e cuore che siano attenti al bello che ci è offerto ogni giorno, e non perenni vittime delle lacrime e del lamento per le occasioni perdute. Per la verità, nel testo che Bach aveva davanti la morte è letta in termini di fuga dalle tristezze di un mondo che imprigiona. Ma proprio la sua musica opera in effetti il prodigio di farci pregustare già qui il riposo e la quiete così da esorcizzare con la bellezza la pesantezza della vita.

La Cantata n. 125, *Mit Fried und Freud Ich fahr dahin* (In pace e nella gioia me ne vado da qui), è forse la più bella delle tre per la contagiosa tranquillità pastorale di cui è intrisa. La si può ascoltare nella delicata e trasparente interpretazione che ne dà Philippe Herreweghe in un CD dove è unita ad altre due Cantate che hanno a tema la morte[9]. Il coro iniziale è un testo di Lutero, che parafrasa l'inizio del *Nunc dimittis:* «Con pace e gioia io vado via da questo mondo secondo la volontà di Dio; consolati sono il mio cuore e il mio spirito, calmi e quieti; come Dio mi ha promesso: la morte è diventata il mio sonno». La tonalità (mi minore) e il ritmo ternario del coro, quasi una ninnananna, sono i medesimi del grandioso coro iniziale della Passione secondo Matteo, e probabilmente non è un caso. È tutto un canto di gratitudine a Gesù che salva dall'orrore della morte, che erige «in un mondo carico di collera e di maledizione un trono di grazia e un segno di vittoria», lui che è «luce radiosa per le genti, pastore di Israele suo popolo, e gloria, onore, gioia e beatitudine».

La Cantata n. 161, *Komm, du süsse Todesstunde* (Vieni, dolce ora della morte), arriva addirittura a pregare perché l'ora della fine giunga presto: «Rendi dolce la mia partenza, non indugiare, o ultima luce, così che io possa baciare il mio Salvatore». Anche qui Bach trova il modo di alleggerire il tema severo inserendo nella partitura l'allegria lieve e giovanile dei flauti a becco, e ripetendo un'affermazione di speranza: «Sebbene io, polvere e terra che muore, dalla morte verrò maciullato, tuttavia lo splendore dell'anima brillerà simile agli angeli».

[9] Disco HMC 901659.

Alla fine si torna alla luce, che è il vero e proprio cuore di questa festa di metà inverno. Viene da pensare che forse anche su questo la nostra sensibilità è diventata ottusa. C'è troppa luce nelle nostre città, è troppo facile fare luce quando se ne ha bisogno. È come per l'acqua: nessuno può apprezzarla meglio di chi, dopo ore di fatica e di sudore, scopre un ruscello che canta tra le rocce. Così è per la luce. Bisognerebbe prendersi il tempo di vedere il lento albeggiare nel silenzio delle montagne, o la luce che pian piano trapassa le foglie del bosco al mattino, o quella che muore incendiando il cielo con i bagliori del tramonto. E bisognerebbe forse ancora di più, magari a partire da queste esperienze, capire meglio il senso, e il peso, delle tenebre che abitano il nostro cuore, la nostra «camera», per poter gioire, su questo sfondo, dei lumi che così spesso si accendono sui nostri passi, e che rischiamo di non vedere. Il tempo di Natale se ne va lasciandoci questa memoria di luce, quella dell'incontro tra Dio e il suo popolo. Ce ne sarà bisogno per attraversare il passaggio oscuro della Quaresima, in attesa del mattino di Pasqua.

V

Il tempo ordinario: la liturgia come educazione della memoria, dell'intelligenza e della volontà

Esaurite le feste, con la loro memoria dei grandi eventi della storia di Gesù, quello che resta, e che celebriamo per la gran parte dell'anno, è semplicemente il tempo. Non si tratta di un contenitore vuoto. Il tempo riceve il senso e il colore da ciò che vi accade, come rivela la grande e semplice lezione di Qohelet: «C'è il tempo del pianto e quello del riso, quello del gemito e quello della danza» (Qo 3, 4). È un testo che procede per contrapposizioni, evidenziando anche così che quanto accade è riconducibile a quella dicotomia radicale che sta in testa alla lista, e che è il «tempo per nascere e il tempo per morire».

Si tratta di una oscillazione drammatica, dietro la quale si intravede quella che è la nostra percezione fondamentale del tempo: il passare, il transitare. Credo, infatti, che la prima cosa che viene in mente quando ci si mette a riflettere sul tempo è che esso scorre, fluisce, rotola via. Tale percezione si accompagna poi a sentimenti di gioia e di tristezza, di esaltazione e di panico, in rapporto diretto con quella che è la prima conseguenza di questo aspetto del tempo: la *mutabilità*. Mutare significa acquisire cose che prima non esistevano, e insieme perdere quello che prima era presente. Ed ecco che ritorna quell'esperienza fondamentale che è l'alternanza di vita e di morte, di nuovo e di caduco. E noi in bilico, tra il bisogno di mutare (niente veramente ci appaga) e il bisogno di un punto fisso d'attracco, almeno per trattenere quello che ci dà gioia.

Già da quando cerchiamo di capire il senso di tale mutabilità, con l'eventuale perdita o profitto legati a essa, ci ritroviamo immediatamente nel discorso che riguarda la vita dello spirito. Il lessico monastico antico e medievale aveva fissato in due immagini chiave questo doppio movimento indotto dalla nostra condizione di creature mutevoli: da una parte la *curiositas,* che ci porta fuori di noi alla ricerca delle cose, e che, vittima com'è della cupidigia da cui è segnata la nostra condizione di creature ferite, risulta sostanzialmente dispersiva e disgregante, dall'altra il *reditus ad cor* (ritorno al cuore) come ritrovamento del punto fisso cui ancorare la mutabilità, punto che alla fine coincide con Dio, che nel cuore abita. La dialettica che si instaura tra stabilità e mutabilità ha trovato, tra l'altro, una formulazione eccellente nel celebre motto certosino: *crux stat, dum volvitur orbis* (la croce sta, mentre il mondo gira). Qui il punto fermo è la croce, vista come segno massimo dell'amore di Dio per noi. Di stabilità e mutabilità parla in forma di preghiera una delle collette più belle e più folgoranti del messale: *Ut inter mundanas varietates ibi nostra fixa sint corda ubi vera sunt gaudia* (che nel variare delle vicende mondane i nostri cuori rimangano fissi là dove si trova la gioia vera), fissata ora per la domenica XXI del tempo ordinario. In questa colletta il centro, visto dal nostro punto di vista, è di nuovo il cuore, letto significativamente come «bisogno di gioia»: l'attracco è dunque la felicità, purché sia «vera». Il che dice anche che in questo percorso nel tempo alla ricerca del punto fisso che non muta rimane un che di ambiguo: l'errore è dietro l'angolo. Per capire dove stia il problema e quali siano le vie d'uscita occorre fare un passo indietro, e ricercare la radice della mutabilità.

L'uomo in bilico tra il tutto e il niente

Tra i maestri di spiritualità che si sono particolarmente interrogati su questo aspetto della condizione umana vi è senz'altro Aelredo di Rievaulx, in sintonia e in linea con il suo grande maestro, san Bernardo. Alla ricerca del perché e del senso di tale mutabilità, Aelredo risponde con una geniale intuizione che parte da un dato elementare, e fonda tutta una antropologia, tutto un modo di vedere ciò che forma la sostanza della creatura umana. La risposta è nella doppia origine dell'uomo: egli, da una parte, viene dal nulla, ma, dall'altra, porta in sé l'immagine di Dio, e dunque ha in sé l'impronta dell'eternità e del tutto. Questo crea in lui due istinti contrapposti: quello verso il niente, o la morte, e quello verso Dio, o l'infinito della vita piena ed eterna. Così scrive nel suo *Specchio della carità* riflettendo proprio sulla mutabilità della creatura:

> Ogni creatura è fatta dal niente, ed è fatta mutevole, e, spinta da questa mutabilità che fa parte della sua natura, continua a volgersi a ciò da cui è stata tratta, il niente. È facilissimo vedere come tutto ciò che è per natura mutevole abbia bisogno di qualcosa che sia immutabile per non mutare. Ora, nessuna realtà mutevole ha in sé l'immutabilità, altrimenti non sarebbe mutevole: ancor meno è in grado di rendere immutabile un'altra realtà. Ma se la creatura non sorretta da alcun sostegno muta, è ovvio che essa, più naturalmente e, per così dire, più visibilmente, per un impulso in certo senso necessario, muti andando verso ciò da cui è stata tratta. Perciò, per evitare che la sua mutabilità la porti alla deriva verso ciò che le è inferiore, per contenere questa sua mutabilità entro ciò che è l'essere stesso, per portarla a innalzarsi con uno slancio più propizio verso le cose superiori, sempre la creatura ha bisogno della grazia di colui che con la sua potenza l'ha creata[1].

Il senso dell'argomentazione è chiaro: l'uomo non può trovare in se stesso la forza per uscire da questo stato di mutabilità che rischia alla fine di portarlo verso il niente e l'autodistruzione. Vi è un

[1] AELREDO DI RIEVAULX, *Lo specchio della carità*, 1, 40, a cura di D. Pezzini, Paoline, Milano 1999, pp. 123-124.

solo modo per evitare questo rischio, ed è di agganciare la propria vita a colui che è l'essere per eccellenza, e dunque il contrario assoluto del niente. È interessante vedere come Aelredo esprima i tre stadi di questo processo sfruttando proprio la metafora dell'acqua, la stessa immagine che è immediatamente evocata dallo scorrere del tempo e della vita. Mediante la grazia, la nostra natura umana, paragonata a un corso d'acqua, è messa in grado di mantenere il contatto con la fonte, evitando di andare alla deriva, di essere contenuta come entro due rive che le impediscono di disperdersi in modo inconcludente e, infine, di diventare addirittura una sorgente che zampilla verso le cose superiori. Quest'opera di aggancio e di contenimento che trasforma un fiume a rischio di deriva in forza sorgiva si realizza attraverso le tre facoltà che caratterizzano l'uomo come immagine della Trinità, e che sono: la memoria, la conoscenza e la volontà. La memoria mantiene il contatto con la fonte, la conoscenza permette con il discernimento di far correre l'energia dell'acqua entro le rive del bene, la volontà, impregnata dalla carità diffusa in noi dallo Spirito, diventa la fonte che zampilla fino alla vita eterna (cf Gv 7, 37-39).

Le tre facoltà dell'uomo

Il tema dell'uomo come riflesso della Trinità nelle sue tre facoltà è di ascendenza agostiniana, e riempie di sé tutto il medioevo. Credo che questo schema interpretativo possa funzionare anche oggi. Così lo descrive Aelredo:

> L'autore delle nature ha inserito in noi tre facoltà con le quali potessimo condividere l'eternità di Dio, aver parte alla sua sapienza, e gustare la sua dolcezza. Queste tre facoltà sono: la memoria, la conoscenza, e l'amore, o volontà. La memoria è capace di eternità, la conoscenza di sapienza, e l'amore di dolcezza. Creato così a immagine della Trinità, con la memoria l'uomo riteneva Dio senza alcun oblio, con la conoscenza lo conosceva senza errore, con l'amore lo abbracciava senza alcun desiderio di altro. Per questo era felice[2].

Ciò che colpisce in questo brano è la netta prevalenza del lessico del gusto: a questo infatti rimandano sia la «sapienza», nella sua connessione con il «sapore», sia la dolcezza. La stessa eternità non diventa in questo contesto un concetto vago e astratto, ma la possibilità di mantenere, contro la mutabilità, questo sapore e questa dolcezza. Non a caso nel passo si sottolinea in maniera cruciale e centrale la beatitudine: l'uomo uscito dalle mani di Dio era fondamentalmente una creatura «felice». Non dico niente di nuovo se ricordo quanto la prima letteratura cistercense (ma anche le sue radici, che erano Agostino e Gregorio Magno) fosse impregnata di tali convinzioni, con la conseguenza che non la ragione e il suo bisogno di verità, ma la volontà e il suo bisogno di felicità oc-

[2] *Ibid.*, 1, 9, p. 103.

cupavano il centro, diventando un luogo cruciale di esplorazione e di educazione del desiderio, il che costituiva la struttura portante di tutta la vita spirituale.

In effetti, in questa storia, si inserisce il peccato, letto da Aelredo come un abuso della libertà, cioè sostanzialmente come un cattivo uso della volontà, ingannata nella sua ricerca di felicità. Si osservi come tale rovina viene descritta:

> L'uomo dunque usò male del suo libero arbitrio, piegò il suo amore staccandolo dal bene immutabile, e accecato dalla propria cupidigia lo ripiegò su ciò che era inferiore; e così, allontanatosi dal vero bene, e scendendo verso ciò che non era buono in sé, là dove si riprometteva un vantaggio trovò un danno, e amando in modo perverso se stesso, perdette insieme e sé e Dio. Per cui, molto giustamente avvenne che colui che bramava la somiglianza con Dio andando contro Dio, quanto più voleva nella sua curiosità diventare simile a lui, tanto più per la sua cupidigia gli divenne dissimile. L'immagine di Dio di conseguenza si corruppe nell'uomo, ma non fu interamente abolita. Per cui gli rimane la memoria, ma preda della dimenticanza; e pure la scienza, ma soggetta all'errore, e perfino l'amore, ma incline alla cupidigia. [...] Ora la dimenticanza rovina la memoria, l'errore annebbia la conoscenza, la cupidigia strozza l'amore[3].

Questo è lo stato della questione. E la liturgia? Siamo forse usciti dal seminato? Lo potrebbe pensare chi vede nella liturgia solo l'aspetto rituale,

[3] *Ibid.*, 1, 12-13, pp. 104-106.

cerimoniale, decorativo, estetico, quando non addirittura solo l'obbligo morale: i sacramenti come «cose da fare». Vi è da augurarsi che tale mentalità si sia dissolta, e non sia dunque più necessario rettificarla. Comunque, se ce ne fosse bisogno, ricordo che la liturgia è insieme celebrazione e scuola della fede e della vita cristiana, e in quanto tale è precisamente il luogo, anche se non l'unico, dove si compie costantemente un'opera di restauro: della memoria, dell'intelligenza, della volontà. Questo avviene nel tempo, luogo per antonomasia della mutabilità, ma anche luogo dove siamo chiamati a riscattare e a far riemergere dalla confusione e dal peccato la nostra vera immagine, lavorando per rifare continuamente in noi la somiglianza con Dio.

«Redimere il tempo» proclama Paolo (cf Ef 5, 16; Col 4, 5). Che cosa significa? Si tratta invero di non trattare il tempo come una realtà neutra che ci scorre fra le dita, la cui transitorietà ci spinge a volte, o spesso, ad aggrapparci ad appigli che poi si rivelano inconsistenti (lo si diceva già in Avvento, rifacendoci a san Bernardo), ma di fare del tempo, che è un dono, l'occasione per ricostruire in noi la *somiglianza* con Dio rendendoci conformi all'*immagine* di lui che portiamo impressa in modo indelebile in noi fin dalla creazione. Per usare un'altra felice formula aelrediana, il nostro compito nel tempo è «dare alla creatura informe una forma, riformare una forma che si è deformata, affinché la creatura riformata acceda alla beatitudine»[4]. Alla fine del percorso c'è ancora, come si vede, la gioia.

La memoria alla scuola della Scrittura

In questo lavoro di riforma la prima facoltà in questione è la memoria. Occorre sapere da dove veniamo e dove andiamo, occorre non perdere la consapevolezza di quella combinazione di niente e di infinito che ci caratterizza, come si è visto sopra. Nello scorrere della vita il nostro percorso è sostenuto da un pane del cammino: questo è costituito, come tutti sappiamo, dalla Scrittura e dall'Eucaristia, di cui siamo invitati a nutrirci ogni giorno. In che modo si fa questa educazione della memoria? Che cosa dobbiamo ricordare?

Ogni giorno, nell'ufficiatura e nella messa, siamo nutriti con abbondanti porzioni di Bibbia. I salmi danno voce alla nostra preghiera, i libri storici ci ricordano i vari interventi di Dio nella vicenda umana, i libri profetici tengono sveglia la nostra speranza. Le promesse di Dio, la sua fedeltà e la sua misericordia, le meraviglie che ha operato nel suo popolo mantengono viva in noi la fiducia. Se dovessi dire qual è l'effetto primario di questo nutrimento quotidiano di Scrittura penso di po-

[4] «Ut creatura informis formaretur, [...] ut creatura deformis reformaretur, [...] ut reformata beatificetur» (AELREDO DI RIEVAULX, *Sermones inediti*, a cura di C.H. Talbot, Roma 1952, p. 34).

terlo identificare in un sentimento fondamentale: la sensazione di una «compagnia». Vi è qualcuno che ci precede, qualcuno che cammina con noi, qualcuno che ci aspetta. Guai a perdere la memoria di questa realtà. Diventeremmo come gente sbandata, in balia di venti e tempeste, preda dello sconforto e del senso di abbandono che produce solo infelicità.

Tra i testi che più di altri possono funzionare in questo lavoro di formazione della memoria ci sono i tre cantici che, non a caso, ripetiamo tutti i giorni: il *Benedictus*, il *Magnificat* e il *Nunc dimittis*. Esigerebbero ciascuno un commento, ma non è ovviamente possibile: piuttosto mi viene da suggerire di ascoltarli ogni tanto nelle numerosissime versioni musicali che costellano i secoli della pietà cristiana[5]. È comunque rilevante che Luca inserisca questi cantici nella sua storia e li connetta con situazioni precise di determinate persone: non sono proclamazioni generiche e, men che meno, tesi filosofiche o teologiche, ma reazioni vitali e ciò che accade e che è sotto gli occhi. Reazioni che sono certo basate su alcuni grandi parametri di lettura della storia, ma che proprio perché partono dalla vita finiscono per rendere sempre più veri e

[5] Il *Magnificat* è il cantico che ha ricevuto il maggior numero di versioni in musica. Ma anche degli altri due cantici, presenti nel *Morning* e nell'*Evening Service* della liturgia anglicana, esistono numerosi versioni. Tra le più recenti segnalo quelle di Ch.V. Stanford, *Sacred Choral Music*, 2 e 3, CD Hyperion CDA 66965 e CDA 66974.

più evidenti i parametri stessi: un invito per noi a riportarli ogni giorno alle misure della nostra esperienza, e a caricarli della luce che liberano man mano sul nostro vissuto.

Per fare questo è ovviamente importante leggere la Scrittura non come un ricettario morale, ma primariamente come una raccolta di «storie», come una sequenza di «esperienze», dove vediamo in azione gente come noi, esposta come noi alla scelta drammatica tra il niente e l'infinito, vittima come noi di fragilità ed errori, capace come noi di ritrovare speranza ed energia.

L'avevano capito bene i medievali. È d'obbligo citare ancora una volta Aelredo di Rievaulx che, nelle meditazioni sulla vita di Gesù scritte per la sorella suora, ha insegnato a intere generazioni a entrare nel vangelo «con gli occhi del cuore». La formula indica un modo di meditare che mette in azione l'immaginazione e l'affettività, che ci chiede di immedesimarci con i vari personaggi del racconto, che stabilisce con Gesù un rapporto pieno di sentimento, come con un amico o un fratello, o ancora di più come con uno di cui ci si innamora. Da lì è nata molta letteratura, che ha nelle *Meditazioni sulla vita di Cristo* di un anonimo francescano del Trecento il capolavoro indiscusso[6]. Sono te-

[6] Le meditazioni di Aelredo formano la terza parte dell'opera *Regola per le recluse*, la quale può essere reperita in *Aelredi Rievallensis. Opera Omnia*, I, cit., e in *Sources Chrétiennes*, 76, a cura di Ch. Dumont, Cerf, Paris 1961. Per le *Meditazioni sulla vita di Cristo* si deve dire che, purtroppo, l'ultima

sti che hanno poco spazio nelle grandi storie della mistica, ma la disseminazione di numerosi manoscritti indica che molti lettori hanno attinto da quel libro nutrimento per la loro fede.

La memoria ha nella ripetizione una risorsa imprescindibile. Può essere bene, certo, andare a cercare opere nuove di spiritualità, le quali, anche perché scritte con un linguaggio più vicino al nostro, ci aiutano più immediatamente a impadronirci del messaggio. Ma è altrettanto importante non abbandonare i salmi e la lettura ripetuta della Scrittura: un effetto, che sicuramente molti hanno sperimentato, è che da questa ripetizione ne escono illuminate reciprocamente sia la Scrittura sia la vita, per quell'interscambio fecondo che non dovrebbe mai mancare. Se la Scrittura ci aiuta a leggere la vita, la particolare situazione emotiva in cui veniamo a volte a trovarci può aprirci a una nuova comprensione del senso della Scrittura. Così pian piano si sedimenta sui testi tutta una serie di «glosse», o commenti personalizzati, comprensioni particolari che mostrano come proprio questa lettura costante della Scrittura alla luce della vita, e della vita alla luce della Scrittura, costituiscono in noi un deposito di memorie, insieme bibliche ed emotive, a cui attingere.

edizione italiana integrale di questo capolavoro risale al 1933 (a cura di F. Sarri, Vita e Pensiero, Milano). Una modernizzazione della versione breve è stata pubblicata più di recente: *Meditazioni sulla vita di Cristo,* a cura di S. Cola, Città Nuova, Roma 1982.

L’educazione dell’intelligenza al discernimento

Si parlava di memoria, ma siamo già passati alla riforma della seconda facoltà, chiamata conoscenza, o intelligenza, o giudizio, o discernimento. Il punto è che le tre facoltà in cui gli antichi vedevano in noi il riflesso della Trinità non agiscono né separatamente né in sequenza, ma tutte insieme e di concerto. In effetti, la memoria non servirebbe a niente se non incidesse sul giudizio e, alla fine, sulle scelte.

In questo settore, e nel successivo, il nutrimento della liturgia quotidiana viene soprattutto dal carattere «esemplare» delle pagine della Scrittura, soprattutto delle storie che essa ci trasmette. L’operazione è già stata fatta nella Scrittura stessa, soprattutto nei libri sapienziali, e in tutte quelle pagine di esortazione che troviamo frequentemente, la cui quintessenza è concentrata nelle brevi letture che segnano nelle Ore il passaggio dai salmi alla preghiera di intercessione. Si tratta di brani molto brevi, che rischiano di passare inosservati. Ma il silenzio che dovrebbe seguire permette di scavarne il senso e il messaggio che essi hanno per noi in quel momento, e la loro stessa ripetizione, come si è detto, finisce per costituire nella nostra memoria una serie riconoscibile di paletti indicatori che tracciano un cammino. Si tratta anche qui di una «compagnia» che rende più confortevole il nostro cammino, e costituisce insieme, per riprendere un’immagine indicata all’inizio, le due rive che impediscono al magma dei nostri desideri di straripare e di far danni. Da questo punto di vista, basterebbe una costante meditazione delle letture brevi, e anche delle collette, che si trovano nell'ufficiatura della settimana, per costruire una vera e propria spiritualità dei giorni feriali[7].

L'educazione della volontà alla carità

Questo è in effetti il nodo cruciale, come si è detto quando si è parlato della volontà. Su questo punto Aelredo è molto schematico e semplifica drasticamente. Partendo dal nostro desiderio di felicità, che costituisce il *proprium* della volontà e la molla dinamica di quella forza che chiamiamo amore, solo due alternative ci sono aperte: la cupidigia e la carità. La prima è la radice di tutti i mali, la seconda è la fonte di tutti i beni.

Noi ci vantiamo, nella nostra cultura piena di studi sulla psiche e sull'inconscio, di conoscere a fondo i meandri della personalità, e potremmo anche trovare eccessive e inutilizzabili queste distinzioni così rigide. In effetti, pur rimanendo attenti alla complessità e alle tante articolazioni della sensibilità (ma lo erano, e come!, anche gli autori medievali), è bene ogni tanto ricondurre la complessità alla semplicità, anche perché sostanzial-

[7] Rimando il lettore a un mio tentativo fatto a partire da Lodi, Ora media e Vespri della prima settimana dell'Ufficio delle Ore, in tre articoli pubblicati su «Consacrazione e Servizio» rispettivamente nei mesi di settembre, ottobre e novembre 2000.

mente queste due alternative secche riflettono la verità. I comportamenti, come i sentimenti, possono anche essere – quasi sempre lo sono – mischiati e di non facile lettura[8]. Ma se si vuole alla fine cogliere la spinta che li motiva sarà difficile non ammettere che questa venga dall'una o dall'altra di queste due, la cupidigia o la carità, o, se esse agiscono, come può capitare, insieme, si tratterà di vederne il rispettivo dosaggio.

Come dunque la liturgia ci educa alla carità? Il gesto più chiaro e più rilevante che ci viene costantemente ripresentato è quello che si trova nel cuore stesso dell'Eucaristia: «Questo è il mio corpo per voi: fate questo in memoria di me». Eco diretta e semplicissima di quel «gratuitamente avete ricevuto, gratuitamente date» (Mt 10, 8) che sta al centro del discorso di missione, e che dovrebbe caratterizzare in modo peculiare lo stile di vita del cristiano. Va da sé che tale atteggiamento di gratuità ha bisogno di nutrirsi del sentimento di gratitudine e della preghiera di lode.

Un paio di esempi

Naturalmente, tutto quello che si è detto non è particolare del tempo ordinario, in quanto costituisce l'oggetto stesso delle grandi feste e di tutti

[8] Una delle sezioni più affascinanti, e più immediatamente fruibili, dello *Specchio della carità* è proprio la finissima analisi dei vari sentimenti, la loro gerarchizzazione, e la loro gestione in caso di conflitti: si veda in particolare tutto il Libro III.

i cicli liturgici. Ma il tempo ordinario, spoglio com'è di motivi particolari, permette di evidenziare, per così dire, lo scheletro, o la struttura portante e ineliminabile della vita cristiana in quanto luogo di riforma della persona. A conclusione di questa riflessione, avara di riferimenti per necessità di cose, vorrei mostrare con alcuni piccoli esempi, che forse proprio perché piccoli si è tentati di sottovalutare, come questo impianto semplice ed essenziale nello stesso tempo, si ritrovi anche nelle zone più minuscole della preghiera liturgica.

Uno dei testi a cui mi sento più affezionato, anche perché è mirabile nella sua essenzialità, oltre che perfetto nella sua costruzione, è la colletta prevista per le Lodi del sabato della seconda settimana:

> Ti lodino, Signore, le nostre bocche,
> ti lodi lo spirito, ti lodi pure la vita;
> e poiché ciò che siamo è dono tuo,
> tuo sia anche tutto ciò che viviamo.

I lettori troveranno che la traduzione italiana che si trova nella Liturgia delle Ore è un po' diversa da quella offerta qui, ma questa è la resa letterale del latino, e non essendo riuscito a capire perché il traduttore ufficiale abbia eliminato certe frasi («la nostra vita», per esempio), o abbia parafrasato anche troppo («tutta la nostra vita si trasformi in perenne liturgia di lode» al posto della quarta riga!), ho ritenuto di offrire una versione che rispettasse meglio l'originale[9]. Continuo a ritenere che non sia sempre utile rendere, come si dice, facili le cose, perché si rischia di ridurne il significato per un eccesso di interpretazione. È meglio un testo elementare e insieme «aperto» come quello riportato sopra, di cui mi affascinano alcune cose.

La lode, anzitutto, che comincia naturalmente dalla bocca, anzi dalle bocche, perché qui ci si esprime al plurale, e si suppone chiaramente la presenza di una comunità, che c'è sempre, anche se fisicamente assente: il cristiano non è mai solo quando prega. Poi vi è l'indicazione di un percorso che è in sé estremamente significativa: la lode parte dalla bocca, ma va, deve andare, a trovare le sue radici e le sue risorse vere nello spirito, rientrando per così dire in quel cuore in cui Dio ha scelto di abitare (si ricordi il «ritorno al cuore» di cui si diceva all'inizio); da qui, irrobustita dalla «memoria», in un certo senso fuoriesce per dilatarsi a tutta la vita, fino a farsi una cosa sola con la vita stessa. La memoria che produce uno stile di comportamento è esplicitamente descritta nella frase di raccordo: siamo chiamati a vivere in colui che è la fonte del nostro essere. Che sia dono di Dio ciò che noi siamo non è una verità immediatamente evidente, poiché si rischia di non vederla o di dimen-

[9] Ho già fatto altrove varie osservazioni sull'inadeguatezza che sovente si riscontra nella traduzione in italiano delle orazioni del Messale. Cf D. PEZZINI, *Oremus*, EDB, Bologna 1995, e gli articoli citati alla nota 7.

ticarla molto spesso: tocca alla memoria restaurarne l'evidenza e la forza. Da qui la richiesta che porta al terzo passo: fare della vita intera una lode, un canto di gratitudine, un'esperienza di gratuità. La memoria-conoscenza diventa così volontà, e si realizza in tal modo quel processo di riforma, o di restauro delle facoltà, che resta il nostro compito quotidiano nello scorrere del tempo.

Un altro esempio lo derivo dagli inni dell'Ora media, quelli che connettono ognuna delle Ore a un particolare evento: la Pentecoste a Terza, la morte in croce a Sesta, e l'ascesa di Pietro al tempio per pregare nell'ora Nona. Tutti e tre questi eventi sono nella memoria della Chiesa: la croce, che è la fonte della discesa dello Spirito sul mondo, e la comunità apostolica, impersonificata e come riassunta in Pietro, che da quei due eventi deriva, e che mette noi a contatto diretto con gli eventi stessi. A Terza il ricordo dello Spirito diventa impegno per la carità, così che il suo fuoco ci unisca in un'anima sola. A Sesta la croce è motivo di lode, perché così è saldato il nostro debito, ma si chiede anche che la sua grazia risplenda nell'intimo dei cuori, che ci venga cioè comunicata continuamente la disponibilità al dono di sé che fu di Gesù. Infine a Nona la preghiera di Pietro ci ricorda che proprio in quella costante restaurazione della memoria, operata, tra le altre cose, dalla preghiera, possono rafforzarsi i passi della nostra fede per camminare insieme sulle orme di Cristo.

Il fervore dell'alba alle Lodi, la rilettura della giornata alla luce del Vespro, il passaggio dal Dio come «sole che sorge» al Dio che «distende la sua misericordia nei secoli», ogni giorno, trova la sua conclusione nella pace della Compieta, dove ancora si evoca la luce, la quale, paradossalmente, sull'orlo della notte, è proclamata come «rivelazione per tutte le genti». Vi è anche l'evocazione della morte, certamente, ma mettendo sulle nostre labbra le parole di Cristo in croce: «Alle tue mani, Signore, affido la mia vita», a esprimere un supremo affidamento e una fiducia senza confini.

Così ogni giorno la liturgia ci educa a redimere il tempo riscattandolo dall'insignificanza. Lo fa educando la memoria, l'intelligenza e la volontà, perché lungo il filo dei giorni l'immagine di Dio in noi si riveli con sempre maggior chiarezza. È una scuola che, come la Scrittura, di cui peraltro fa larghissimo uso, «insegna, convince, corregge ed educa nella giustizia, perché l'uomo di Dio sia completo e ben preparato per ogni opera buona» (cf 2 Tm 3, 16), una scuola di cui chi ne ha fatto un'esperienza seria e gioiosa non riesce più a fare a meno.

Indice

Domenico Pezzini

Il corpo risorto

Tra arte e teologia

collana «Tra arte e teologia»

pp. 96 - € 12,91 - L. 25.000

Una meditazione sulla Pasqua che, invece di partire da un testo scritto, parte da una raffigurazione del Risorto. Sei pittori, interpretando la pagina evangelica, aiutano a coglierne il messaggio spirituale. Il corpo risorto di Cristo è "il luogo teologico" in cui si manifesta la novità della Risurrezione e in cui si annuncia la trans-figurazione del nostro corpo. Un testo ricco e stimolante, da leggere con gli occhi del cuore.

ANCORA